Manuel María Molina De La Hoz

EL VERDADERO AMOR DE DIOS

Tabla de contenido

Prefacio

*H*ablar de Amor en estos tiempos tan difíciles es como buscar una aguja en un pajar, es como buscar una moneda perdida dentro del mar. El verdadero Amor de Dios, en estos tiempos tan difíciles y complicados, se ha perdido y son pocos los que hallan o encuentran el verdadero Amor de Dios y lo practican. El amor de hoy ha perdido su verdadero significado etimológico y espiritual, transformándose así en un mercado. Por lo tanto, La Biblia es el mapa y la guía del verdadero creyente, la cual nos ubica en la realidad presente y futura acerca del verdadero Amor y su extinción en la vida humana. *2 de Timoteo 3:1 – 17*. El Amor es la manifestación única y genuina de Dios, que no se puede comparar con nada, porque el Amor es Jesucristo en el corazón de un ser humano nacido de nuevo y renovado o transformado por la sangre de Cristo Jesús. El ser humano no tiene Amor propio, pero sí tiene o puede tener el afecto natural que es diferente al Amor de Dios. Aunque éste tenga algunas características similares, porque el amor se origina de Dios, es decir que viene y fluye de Dios, así como la luz natural proviene del Sol, la de las estrellas y otros cuerpos luminosos que poseen luz propia. Solamente la Luna, los planetas y otros cuerpos semejantes a estos, son iluminados por los que poseen luz propia. Así somos nosotros también, que no poseemos luz propia pero somos iluminados por la luz de Cristo Jesús. Esa luz reflejada en nosotros es el Amor de Cristo reflejado en nuestras vidas y en nuestro ser que nos alumbra día y noche, es decir, es la luz espiritual que hay en nosotros y que nos hace ser diferentes de los demás que no conocen el verdadero Amor de Dios. El verdadero cristiano es también el espejo del mundo, el cual proyecta la luz divina hacia un mundo en tinieblas. Un verdadero cristiano es la luna espiritual que refleja la luz de Cristo hacia los que están en tinieblas o andan en las tinieblas, porque el mismo Señor Jesucristo lo dijo con sus propias palabras. Lea la siguiente cita bíblica: *Juan 8:12.* El Amor es un tema complejo en el cual nunca alcanzaremos a definir, porque éste es Dios mismo. El ser humano no puede definir a Dios, ni mucho menos ponerle límites. Dios, en su palabra, nos da la única respuesta de cuál es el Amor y su perfecta definición, y esta definición la encontramos en *1 de Juan 4:7 – 21*. Aún, su misma palabra que es la Biblia o las Santas Escrituras, durante su trayectoria literaria, representa su Amor plasmado en ella, es la carta de Amor que nuestro amado Dios nos escribió utilizando al hombre como el mensajero del reino de los cielos para enviarnos sus mensajes de Amor y/o juicios. Dios, cuando reveló su palabra a la humanidad, tuvo que preparar a hombres comunes y corrientes para que fueran sus secretarios, y así, inspirados y guiados por el Espíritu Santo, escribieron las Santas Escrituras conocida hoy día como la Biblia.

Esta es la carta de Amor que nuestro amado Dios inspiró a través de su Santo Espíritu a hombres que se guardaban para Él, que vivían una vida recta delante del Dios Todopoderoso.

He estudiado muchos significados acerca del amor en diferentes diccionarios seculares, pero ninguno se acerca al verdadero significado espiritual, y éstos solamente hablan de lo superficial, y aun así dividen o clasifican al Amor de diferentes maneras como las siguientes: Amor filial, amor a la belleza, amor al arte, amor eros o erótico, amor al trabajo, amor libre, amor platónico, amor ágape, amor fraternal, etc. Pero en sí se estudiará de un único Amor y es del verdadero Amor de Dios. Las anteriores clases de amor tienen un origen único o una misma raíz o una fuente única, y esa fuente única y hermosa es Dios mismo y su Santa y poderosa palabra de Amor que es la Biblia, por lo tanto, hablar de Amor o estudiar acerca del Amor es hablar o estudiar acerca del mismo Dios de Amor.

El hombre para poder amar de verdad necesita a Dios en su corazón, y si éste no lo tiene en su corazón no puede amar a su prójimo o semejante. Del arrepentimiento nace el verdadero Amor de Dios en el corazón del nuevo creyente e hijo de Dios nacido de nuevo, éste último puede amar porque en él está Dios y mora en su corazón. En la Biblia hay muchos ejemplos de personas que amaron de verdad, porque en ellos hubo arrepentimiento y porque dejaron entrar en sus vidas al verdadero Amor que es Dios mismo. Las siguientes citas bíblicas nos dicen grandes verdades que no vamos a encontrar en ninguna otra parte del mundo, ni en otros libros ni mucho menos en éste; que cuyo objetivo es señalar a la Biblia y a Dios (Jesucristo) como la única fuente que posee el ingrediente del verdadero Amor de Dios. *1 de Juan 4:7, 8 y 12.* El último verso bíblico de la anterior cita, nos da a entender que el verdadero Amor de Dios es el que mora en los verdaderos hijos de Dios, por lo tanto, en el mundo no existe este Amor de Dios, y por eso en él hay muchos conflictos, guerras, homicidios, robos, envidias, etc. También porque Satanás y sus secuaces están detrás de todo esto. Por eso el Amor de Dios se diferencia de los demás y no hay ninguno igual o que iguale al verdadero Amor de Dios. En la eternidad, cuando estemos con el Señor, las otras clases de amor que nos enseñaron, las que aprendimos y las que el mundo ha inventado no existirán más, sino únicamente el verdadero Amor de Dios y nada más, porque en todo el cosmos o el universo entero y aún en la eternidad misma existe un sólo Amor, el cual es nuestro Dios trino: Dios Padre, Dios Hijo y Dios Espíritu Santo. Muchas preguntas o interrogantes se responderán a través de la Biblia que es la fuente inagotable de su infinito Amor y también a través de la lectura de este libro creado con el único objetivo de mostrar y demostrar que Dios es el único Amor Verdadero. Preguntas como: ¿Qué es el amor?, ¿Qué es una expresión de amor?, ¿Cuáles son los complementos del amor?, ¿Cuáles son sus características?, ¿Cómo podemos buscar de ese amor?, ¿Cómo podemos conservarlo después de haberlo encontrado?, ¿Cómo se puede amar sin ningún interés egoísta o personal? Y muchas preguntas más que sólo Dios es el único que nos puede responder con toda seguridad, con toda certeza y exactitud. El Amor hace énfasis o también se refiere a la moral del ser humano, en este caso, principalmente, a los verdaderos creyentes o verdaderos hijos de Dios que se diferencian de los demás seres humanos sin Cristo. En los verdaderos creyentes está siempre en prueba su comportamiento como hijo verdadero de Dios y su testimonio, es decir, que con nuestros actos, acciones y reacciones nos vamos a diferenciar de los que en verdad no aman a Dios y que con sus hechos lo aborrecen. *Juan 8:39 – 47*.

El Autor

El Amor y su perfecta definición

Los textos bíblicos base de esta obra son: *1 de Juan 4: 7 – 21 y 1 de Corintios 13: 1 – 13.* Nos hablan del Amor de Dios y su definición exacta y perfecta. El Amor es un tema bastante difícil, complicado para muchos que no conocen a Dios y el tema más conocido en el mundo. Su significado o definición puede ser muy descuidado, ignorado y hasta mal interpretado. La definición exacta del amor la encontramos en la Biblia, la preciosa palabra del Dios viviente y del Todopoderoso. Su definición exacta y perfecta es que Dios es Amor, es decir, Jesucristo en la vida de un verdadero creyente nacido de nuevo. El Amor es más que significado, es decir que, es más que una palabra muerta, es manifestación, persona y poder. Toda la palabra de Dios nos habla de ese Amor; de esa manifestación de Amor que llegó a la tierra, a nuestras vidas y a nuestros corazones.

El Amor tiene expresiones o diversas expresiones, pero estas expresiones no definen al amor; es decir que las expresiones son unos canales o puentes que conducen el Amor de Dios a los diferentes seres humanos o al hombre en general. Una expresión es una acción a través de palabras, caricias, gestos, señales, símbolos, etc. Pero las expresiones de amor son dones o regalos divinos dado a los seres humanos, para que a través de ellos manifiesten su amor hacia los demás seres vivos o seres humanos. Cada ser humano tiene una cualidad única para expresar ese amor divino, es decir, las características que distinguen a una persona de las demás. Pero muchos confunden el Amor con la pasión y están muy equivocados. En el mundo no existe el Amor, sólo Dios es el Amor y Él sólo lo puede dar. Este Amor lo tienen sus hijos, pero los verdaderos hijos de Dios en Cristo Jesús, nuestro Gran Señor. Hay personas que dicen que el amor no tiene definición, otras dicen que es un sentimiento entre varias personas que se quieren, otras dicen que es algo bello y muy grande, etc. Todo esto es verdad, pero no es suficiente como para definirlo. Todo lo que se dice del amor es un complemento del mismo, porque a Dios no lo podemos definir a simple vista, ya que su gloria es inmensa, eterna, maravillosa, etc. El Amor puede tener características como lo menciona la siguiente cita bíblica: *1 de Corintios 13: 4 – 8.* El verso insigne es el verso ocho de esta cita y esta dice una gran verdad, porque aunque las cosas se acaben, Dios permanece para siempre, porque Él es eterno y su Amor, Él mismo, nunca se agotará. Pero muchos confunden el Amor con el acto carnal, con el sexo, con el coito, etc. Pero esto es una gran equivocación, porque Dios no creó el Amor, sino que Él mismo es el Amor. El acto marital o conyugal no es Amor, sino que es una expresión muy corta durante la vida de pareja, parejas jóvenes claro está; siempre y cuando estén casadas, con el objetivo de procrear o de llenar la tierra. *Génesis 1: 26 – 28.* Sépase de que antes de Dios crear a los seres vivos, ya existía el Amor y por ese Amor fueron creadas todas las cosas. *Génesis 1:1.* Y *Hebreos 11:3.* Por lo tanto, El Amor no implica actos carnales, ni pasiones, ni deseos y emociones. El Amor es como una cadena **"Unida",** el Amor es como un instrumento que se utiliza para unir y no para dividir. *Colosenses 3:14.* Esta cita bíblica nos dice que el Amor es un vínculo perfecto. El vínculo es un **"lazo"** que se utiliza para unir, también el vínculo significa esa unión o "**unidad**". Otro error o más bien horror es la expresión que dice:

"Hacer el amor"

Es una expresión muy equivocada o equivoca, que coloca al Amor como un acto carnal o conyugal. La expresión correcta sería o debería ser:

**"Tengamos relaciones sexuales, maritales o
conyugales"**

Estas expresiones serían las adecuadas para no confundir expresiones, ni mucho menos terminologías, porque debemos saber que el Amor es Dios y no son los deseos de la carne. (Cuando usted y su pareja, varón y hembra, legalmente casados por la ley y la iglesia, sientan el deseo de estar juntos; es decir, de tener relaciones sexuales o maritales, pueden decir **"Hagamos el amor"** para no quitarle la parte romántica o emotiva de la relación, porque unirse en amor no significa Amor en sí; sino que en verdad se quieren y se aman, y desean estar juntos en espíritu, alma y cuerpo).

El Amor no es una simple palabra muerta, éste, está vivo y habita en los verdaderos hijos de Dios, porque los que tienen Amor tienen a Dios en su corazón.

Dios creó las cosas que vemos y facultó al hombre, delegándole la autoridad de darle nombre a las cosas creadas por Dios. Esto lo podemos ver o leer en *Génesis 1: 1 – 31* y *Génesis 2:19*. Después de analizar estas citas bíblicas, veremos tres puntos importantes.

1). Vemos a un Dios creador y manifestador de su Gran Amor y poder manifestado al hombre.

2). La autoridad de Dios sobre el hombre y su soberanía.

3). La autoridad de Dios impartida al hombre para nombrar y enseñorearse de la creación de Dios, es decir, de la tierra, y no el de ejercer el papel de Dios. (*Génesis 1:26 – 28*)

Todo lo creó Dios en su gran Amor, porque el Amor de Dios es el único en todo lo que existe, incluso aun en lo que no existe. Dios, para salvarnos del pecado, tuvo que ofrecerse a sí mismo por su gran Amor como rescate por nuestras almas perdidas en nuestros delitos y pecados, muriendo así en una cruz en el calvario. Ese gran Amor por nosotros lo encontramos en ***Juan capítulo 3 verso 16 al 21***.

Hermanos en la fe de Cristo Jesús, nosotros como hijos de Dios no debemos ni tenemos que buscar otras clases de amor, porque el Amor es uno solo y éste es Dios. Debemos saber distinguir y diferenciar entre el verdadero Amor, que es Jesucristo, y un amor falso (Pasiones, impulsos, deseos, sentimientos, etc.) A veces o siempre decimos los cristianos evangélicos la siguiente expresión:

"Yo te amo con/en el amor de Cristo"

Esta expresión se dice para darle a entender al no creyente o inconverso e incrédulo que el verdadero Amor es Dios y lo da Dios, es decir, que Dios es el Amor y no existe otro más. Pero nosotros como cristianos evangélicos, podemos decir **"Yo te amo"** sin utilizar el resto de la expresión, esto se debe decir entre los cristianos evangélicos para denotar ó demostrar que en verdad en nosotros mora Dios y su Santo Espíritu de Amor. Pero si es inconverso, mundano e incrédulo; debemos utilizar toda la expresión para darle a entender de que Dios es el verdadero Amor. Sí éste se convierte a Cristo, conocerá entonces al verdadero Amor, por lo cual ya no será necesario el resto de las palabras, porque ya sabrá quién es el verdadero Amor y no necesitará que le expliquen lo que es el Amor, porque éste estará dentro de él y en su corazón, por lo cual habrá nacido de nuevo. Hay otro grave error que tenemos en nuestro país y quizás en otros países ocurra lo mismo, es lo siguiente: Si un hombre ó varón le dice a otro varón que lo ama o una mujer le dice a otra mujer que la ama, confundimos este hecho o esta expresión con la homosexualidad, el lesbianismo y otras cosas que sólo la mente depravada y sin temor de Dios y también sin Cristo, pueden mal interpretar el verdadero Amor de Dios en los verdaderos hijos de Dios, y esto es otro grave error entre las personas que no conocen a Dios ni mucho menos su verdadero Amor. Es por esta razón que decimos **"Yo te amo con / en el Amor de Cristo"**, para dar a entender cuál es el verdadero Amor de Dios. Esta es una expresión que explica de qué Amor estamos manifestando y profesando. La expresión **"Yo te amo"**, no solamente implica un compromiso conyugal, sentimental, pasional, etc. Sino más bien un compromiso espiritual con Dios y su Hijo amado Jesucristo, por lo tanto el Amor no son los compromisos sexuales, ni sentimentales, ni pasionales, ni cualquier cosa que se parezca a estás. Jesús mismo nos dio ejemplo de Amor, siendo Él mismo el Amor; nos amó tanto que dio su propia vida por nosotros. Él siempre les recordaba a sus discípulos su gran Amor hacia ellos y siempre les decía que los amaba. *Juan 13: 1* nos dice como el Señor nos amaba, y cómo amó hasta el final a sus discípulos; y aún así al mismo mundo perdido en sus delitos y pecados.

"Porque de tal manera amó Dios al mundo, que ha dado a su Hijo Unigénito, para que todo aquel que en Él cree, no se pierda, mas tenga vida eterna."
Juan 3:16.

No busquemos el Amor en el mundo, porque en el mundo no existe ese Amor tan grande y único como el verdadero Amor de Dios.

Muchos representan o simbolizan el Amor con un corazón, ya que es el lugar donde se manifiestan los sentimientos, las emociones, pero no hace referencia al Amor ni representa al mismo, porque el Amor no es un órgano o cualquier parte de nuestro cuerpo. El Amor es Dios mismo con nosotros y en nosotros. El odio es lo contrario del Amor y éstos dos son completamente opuestos, es decir que no tienen igualdad, no tienen relación alguna y en nada se parecen. El odio mata, mas el Amor vivifica, construye, edifica, sana, levanta y llena nuestros corazones y nuestras vidas. Ese es nuestro Gran Amor, el Dios de verdad. El Amor no son las apariencias físicas o los atractivos físicos, no es la inteligencia o la intelectualidad, la fuerza, etc. El Amor es totalmente santo, limpio, puro, cristalino o transparente y poderoso. El Amor no es ciego como muchos dicen, el Amor posee y tiene visión y nunca engaña; El Amor no ciega, el Amor previene y ayuda a triunfar en las áreas espirituales de nuestro corazón, el Amor es la belleza misma. El Amor nos redarguye de pecado y nos ayuda a corregir las faltas y los errores cometidos tanto en el pasado como en el presente. *Hebreos 12:5 – 8* nos dice que el Amor de Dios nos corrige y nos disciplina como a hijos suyos. Dios nos ama y Él quiere que nosotros también le amemos con todo el corazón y con toda nuestra mente. *Mateo 22:34 – 40, Marcos 12:28 – 34, Deuteronomio 6:5 y Lucas 10:27*. Estas citas bíblicas lo dicen todo, es decir, que nosotros debemos colocar a Dios siempre en el primer lugar. Si amamos a Dios, amamos a nuestros semejantes, y si amamos a nuestros hermanos en Cristo, a nuestros enemigos, al extraño o extranjero, al invalido o enfermo,..., etc. Amamos a Dios, pero si no amamos a nuestros hermanos o a nuestro semejante ¿Cómo podemos amar a Dios sino lo vemos? Es una pregunta muy buena e interesante, que nos dice una verdad demasiado grande y ciertísima. Debemos amar primero a nuestro prójimo o semejante que vemos todos los días, no importando su raza, idioma o nacionalidad, religión,..., etc. También debemos amar a aquel que nos odia, ya sea nuestro propio enemigo. *Mateo 5: 38 – 48 y Lucas 6: 27 - 36*. Porque si amamos a nuestros semejantes, entonces el verdadero Amor de Dios habrá nacido en nuestro corazón. *1 de Juan 4: 20 y 21*. Porque el Amor de Dios consiste en que Él nos amó primero y no nosotros a Él. *1 de Juan 4:10*, esta cita bíblica lo dice claramente. Ahora querido amigo y/o querido hermano, juzgue, elija y compare por usted mismo cuál es el verdadero Amor de Dios, porque solamente en Cristo tenemos verdadero Amor y Él siempre será nuestro verdadero Amor.

El Amor es como el fuego que arde, consume y purifica de todo pecado, de toda impiedad, de toda inmundicia, etc. El humo es lo que queda y sobra del fuego, el humo es lo que se desvanece, es lo falso y esto es lo que el fuego del Amor desecha. Nosotros para no apagar ese fuego del Amor, debemos seguir constantemente echándole más combustible y más leña a ese Gran fuego del Amor llamado Dios mismo. El hombre o el ser humano no nace con Amor, sino que este lo debe buscar y encontrar en Dios. El hombre a medida que crece espiritualmente, debe desarrollarse en ese Amor que Dios mismo nos provee cuando le buscamos y le hallamos porque Dios nos suple y nos llena de su Amor cada día cuando le buscamos de corazón y con el corazón. Debemos correr en pos de ese Amor bello y hermoso, en busca de Él, pero esto lo podemos lograr si confesamos nuestros pecados, nuestras culpas y nos arrepentimos de corazón; para luego recibir el Amor transformador en nuestras vidas y en nuestro corazón. El Amor es poderoso, es el que nos da vida y le da sentido y color a la vida y a lo que existe en ella. El libro de Cantar de los Cantares, nos habla de ese Amor fuerte y poderoso que jamás puede ser apagado por las muchas aguas. *(Cantar de los Cantares 8:6 y 7)*

El Amor, como se mencionó anteriormente, no implica sexo, apariencias físicas, fuerza, inteligencia, sabiduría, raza, idioma, etc. Tampoco el Amor implica religión, porque debemos saber que ninguna clase de religión salva al hombre, sino solamente la fe en Cristo Jesús; porque Él es el único medio por la cual el hombre podrá ser salvo y no llegar a la condenación eterna. El Amor no tiene géneros, es decir que no posee sexo, porque el Amor es Dios, y esto lo explicaremos más adelante, porque el Amor es universal y no limitado. Entre un hombre y una mujer legalmente casados, puede haber o existir dos (2) elementos fundamentales, las cuales son: (1) El Amor y (2) La pasión. De estas dos, solamente una se deteriora con el pasar del tiempo, y ese sólo elemento es la pasión o los deseos naturales que posee todo ser humano cuando están en la etapa del desarrollo, en la etapa de la juventud y de la procreación. *Génesis 18:9 – 15*. Pero estudiemos un poco acerca del punto número dos, que es la pasión. Aquí es donde nos centraremos en el estudio de esta palabra con mucho cuidado y detenimiento para no confundir terminologías, ni mucho menos el significado de las palabras, expresiones u otras terminologías que deteriore su significado original.

La palabra pasión tiene dos (2) significaciones bíblicas las cuales son:

(1) *Traducción de la palabra griega **"Páthos",** que se halla en plural en Romanos 1:26 y Colosenses 3:5, y que denota las emociones o sentimientos desordenados de la naturaleza humana no redimida que deben ser sometidas al gobierno del Espíritu. Muy parecido es el vocablo **"Páthema"** (Romanos 7:5; Gálatas 5:24.), que igualmente puede significar deseos sexuales. En cambio, la expresión "de pasiones semejantes" (Hechos 14:15; Santiago 5:17.), denota la debilidad y limitación del hombre, sin referencia a su corrupción. En 2 de Timoteo 2:22 (Versión Reina – Valera), emplea "Pasión" como el equivalente del griego **"epithimia",** que significa "deseo intenso" que puede ser corrompido cuando es desordenado o excesivo. También la misma versión emplea la palabra "pasión" para traducir **"Hedoné"** ("Placer, codicia"), en Santiago 4:1.*

    (2) *El verbo que se deriva de la misma raíz de Páthos, significa "Sufrir" y se aplica juntamente con **"Páthema"** a los sufrimientos de Cristo (Hechos 1:3; 1 de Pedro 3:18) y de los cristianos. 2 de Corintios 1:6, etc.). De allí se origina la frase "Pasión de Cristo", la cual, sin embargo, no aparece en las versiones castellanas. También se usa para indicar la*

> *naturaleza humana; así, la expresión "sujeto a semejantes pasiones que nosotros", equivale a decir "de la misma naturaleza humana" (Santiago 5:17).* (Estos dos significados fueron tomados del DICCIONARIO BÍBLICO ILUSTRADO (EDITORIAL CLÍE) COPYRIGHT 1981 por CLÍE. ISBN 84 – 7228 – 625 – 8.).

En términos generales, la pasión es como una forma o especie de amor; pero de amor al cuerpo, son los deseos de la carne, las emociones, las cosas terrenas,…, etc. Es un deseo natural del ser humano, es un placer en el ser humano por satisfacer sus deseos carnales, sexuales y maritales. Estos deseos también se pueden corromper y deteriorar por su abuso excesivo y desordenado. Por ejemplo: Que un hombre con otro hombre o varón, o una mujer con otra mujer realicen actos sexuales, es decir que tengan relaciones conyugales como si fuera normal, porque la Biblia o la palabra de Dios condena estos actos antinaturales y que para Dios son abominaciones y concupiscencias; por lo tanto están fuera de lo normal. *Romanos 1:24, 26 – 32.* Estos versos nos hablan de esas pasiones reprobadas por Dios. Algunas de estas pasiones desordenadas son: **(1)**. Adulterio, **(2)**. Fornicación, **(3)**. Inmundicia, **(4)**. Lascivia, **(5)**. Orgías. Todas estas entre sí, están relacionadas unas con otras y son pasiones desordenadas o bajas pasiones.

Amar a una mujer es lo mismo que amar a un hombre o varón, lo que es diferente es la expresión con la cual se manifiesta ese único y genuino Amor de Dios, es decir, la expresión marital o sexual que solamente se puede dar entre un hombre y una mujer que estén correctamente casados delante de Dios y de los hombres. A esto se le puede llamar pasión, más no Amor, porque el Amor no son las pasiones, los sentimientos, los impulsos sexuales u hormonales, etc. Sino que el Amor es Dios. Pero hay matrimonios o casamientos que no son aprobados por Dios, es decir que Dios en su autoridad permisiva los permite, pero en su autoridad absoluta no lo acepta así. Un ejemplo de esos matrimonios reprobados por Dios son los de homosexuales y lesbianas, que ya se practican en algunos países del mundo, esto es abominación y una afrenta para nuestro Creador. Estos actos o hechos vergonzosos no tienen ninguna clase de valor y Dios mismo los condena. El verdadero matrimonio es el que se realiza delante de un juez o notario, luego le sigue la de un ministro de Dios, es decir, un pastor ordenado que es el encargado de darle la bendición sacerdotal a la nueva pareja unificada por Dios. Otro pecado o abominación es el de tener ayuntamiento carnal con bestias o animales, y esta clase de personas o individuos son ya enfermos mentales o sexuales que se han desquiciado. Lo anterior lo encontramos en *Levíticos 18:23; Éxodo 22:19; Levíticos 20:15 y Deuteronomio 27:21*.

El verdadero Amor de Dios

Las relaciones maritales deben estar equilibradas de la siguiente manera:

(1). El Amor, como primera medida, para que el matrimonio no se deteriore y se destruya.

(2). El sexo, que es lo más indispensable entre toda pareja joven, aunque con el pasar del tiempo esta va desapareciendo; pero el Amor debe seguir siempre vivo y nunca debe morir. Porque este es eterno.

(3). El diálogo o la comunicación entre la pareja, de cosas buenas y no desagradables.

Sólo en los verdaderos matrimonios existe el verdadero Amor y éstos son sustentados por Dios, es decir, por el verdadero Amor de Dios, sin el cual sería un fracaso como muchos matrimonios sin Cristo; porque donde no reina Cristo hay desolación y problemas. En los matrimonios seculares o inconversos no existe este Amor de Dios, sino que todo lo ven superficialmente y se casan no por sentir algo por la persona que se quiere, sino por sus impulsos sexuales, emocionales, culturales, apariencias físicas, etc. Cuando esto se acaba o se termina, vienen o comienzan los verdaderos problemas y todo ese **"amor"** que se tenían desaparece por completo, porque era un amor falso y lleno de ilusiones ficticias. Por lo tanto, los impulsos sexuales no controlados con buen juicio, son los que conllevan a todo ser humano a cometer errores, que luego le costará lágrimas de sangre. Uno de esos errores es casarse sin estar seguro de su decisión, sólo por el hecho de ser atractivo o atractiva, por sentimiento mal encaminado que no llegará a una verdadera relación de pareja. Es por esto que surgen y salen a flote los problemas de inconformidad, los cuales provocan los divorcios, los divorcios prematuros, las infidelidades, las separaciones prematuras, en fin, un sin número de problemas ocasionados por sentimientos ficticios e irreales; y aún más por las apariencias físicas que con el pasar del tiempo van desgastándose por no estar fundamentados en el verdadero Amor de Dios, es decir que la persona o el individuo ya no está conforme con la pareja que tiene, sino que ya la ve fea o feo, viejo o vieja o ya no le gusta; buscando así refugio en otra persona que no es la suya o que no es su pareja. Esto no debe pasar en los verdaderos hijos de Dios. Con estas acciones anteriores, la persona, cualquiera que sea, demuestra o está demostrando que sus verdaderos sentimientos eran solamente sexuales y no de Amor verdadero, cometiendo así errores de adulterio o de fornicación. Este es el problema más común en los no cristianos o inconversos que no tienen el temor de Dios en sus corazones, y por eso sus matrimonios terminan en problemas, fracasos y peor aún, las víctimas o los que pagan por esos problemas son los hijos, que si los hay tienen que vivir una doble vida con padres separados. Esto solamente sucede en los matrimonios no cristianos, porque en los matrimonios cristianos no existe o no debe existir estos conflictos, porque Dios mismo lo manifestó y aún el mismo Señor Jesucristo lo recalcó en **Mateo 19:1 – 12 y Marcos 10: 1- 12**, pero vale la pena repetir solamente la expresión siguiente que dice:

"...Lo que Dios juntó no lo separe el hombre..."

Por lo tanto el divorcio es un invento del mismo diablo para destruir a las familias y aun a las parejas unificadas por Dios.

1.1. El sexo y el coito: Actos conyugales.

1). El sexo: Es la relación o condición orgánica que distingue al macho de la hembra, al hombre o varón de la mujer. La sexualidad es el conjunto de condiciones anatómicas y fisiológicas que caracterizan a cada sexo, ya sea el sexo masculino o el sexo femenino.
A). La anatomía: Es la disección de las partes de un cuerpo orgánico, es decir que es la ciencia que estudia la estructura de los seres orgánicos.
B). La fisiología: Son las funciones de los seres orgánicos y los fenómenos de la vida, es decir, de las funciones de cada órgano y parte de un cuerpo.

Después de haber dado estas definiciones, surge entonces esta pregunta: ¿Qué es un acto y una relación? Un acto es un hecho, una acción que se realiza o se efectúa. Mientras que la relación es la acción y el efecto de referir un hecho o una cosa mediante palabras, gestos, señales, etc. Es una conexión o correspondencia de una cosa con otra, es decir, un trato, comunicación de una persona con otra, de un ser vivo con otro ser vivo semejante. Conociendo ya estas definiciones, podemos concluir que el acto sexual o la relación sexual, es la acción y el efecto conjunto de las condiciones órgano-sexuales de varias personas, y que no implica solamente el coito; es decir, el acto conyugal o marital que es solamente exclusivo en las parejas de sexos opuestos que están casadas legalmente delante de Dios y los hombres. El sexo no significa únicamente el acto conyugal, sino que en éste intervienen también muchos factores sociales y culturales, como puede ser un grupo de personas o individuos en comunión y en dialogo o dialogando, divirtiéndose, etc. Esto es o puede significar relación sexual, y no solamente es la idea de estar en la cama u otra cosa similar o parecida.

2). El coito: Es la unión de órganos sexuales de sexos opuestos (Penetración), que puede ser o se puede dar entre seres orgánicos para producir o procrear un nuevo ser vivo. A esto se le conoce también como ayuntamiento o cópula carnal, y esto no es Amor ni mucho menos significa Amor, sino que esto fue creado por Dios con el objetivo de procrear y de llenar la tierra. Esto lo podemos ver en *Génesis 1:28, y 2:24*. Por lo tanto, estos dos puntos, incluyendo el Amor, al unirse forman lo que debiera decirse o escucharse en toda relación de parejas como **"Actos conyugales"** que sería lo correcto y apropiado para no confundir terminologías, porque el Amor es Dios y no lo dicho anteriormente.

1.2. Las pasiones desordenadas.

Las pasiones o actos carnales fuera de lo legal o de lo normal y de lo establecido por Dios, se les denomina pasiones desordenadas o desenfrenadas. Algunas de estas pasiones son: **(1)**. El adulterio, **(2)**. La fornicación, **(3)**. La lascivia, y **(4)**. Las orgías.

(1). El adulterio: En sentido literal y espiritual es el exceso y la violación de la fidelidad tanto conyugal como las relaciones espirituales con Dios y con Cristo. Esto quiere decir que la relación filial de los esposos está siendo violada o ha sido violada por algunos de los cónyuges o por los dos. Existe el adulterio intencional, que es aquel que está en la mente y en el corazón, así no haya llegado a los hechos. Esta clase de adulterio lo menciona Cristo en *Mateo 5:28*.

(2). La fornicación: Es tener ayuntamiento carnal antes del matrimonio, es decir, unirse sin estar casado. Esta es parecida al adulterio, pero con la diferencia de que se comete un pecado sin estar casado.

(3). La lascivia: Es lo que se le conoce hoy día como homosexualidad y lesbianismo. Es la tendencia desordenada de inclinar los deseos sexuales hacia otra persona pero del mismo sexo. Esto es pecado y depravación. La lascivia es tener también cópula carnal con una persona o individuo del mismo sexo, ya sea varón con varón o mujer con mujer. Estos hechos vergonzosos son los que Dios a través de su palabra aborrece y condena.

(4). Las orgías: Son festines o fiestas dedicadas al dios Baco, pero que también se comenten fuera de estas fiestas. En estas fiestas se cometen actos inmorales en exceso de pasiones desenfrenadas o desordenadas, como por ejemplo los **"Strip tease"** o actos de desnudes, los carnavales, etc.

Dentro de las Sagradas Escrituras podemos deducir dos tipos de pasiones las cuales son:

1). Las pasiones desordenadas, que son los sentimientos desordenados de la naturaleza humana y que van en contra de lo establecido por Dios, y que deben ser redimidas y gobernadas por el Espíritu de Dios. *Romanos 1:26 – 28 y Colosenses 3:5, 6.*

2). Pasiones naturales, son las establecidas por Dios para los seres humanos. Estas pasiones pueden ser:

(A). Pasiones de bienes terrenos, es el deseo normal y natural del hombre, como el deseo de trabajar, de hacer deporte, de ser alguien en la vida, etc. Es decir que son los deseos que tiene todo ser humano o que posee con toda dignidad, progreso y con toda justicia; sin el interés destructivo, la avaricia, el egocentrismo, etc. El objetivo de esta pasión es la de satisfacer nuestros deseos y necesidades tanto físicas, materiales y espirituales; pero que se encuentren dentro de lo normal y establecido por Dios, y estos a la vez no se salgan de los parámetros Divinos o de Dios.

(B). Pasiones de sufrimientos, son los padecimientos tanto del Señor Jesucristo como el de nosotros los cristianos evangélicos o creyentes seguidores de Cristo. *Hechos 1:3, 1 de Pedro 3:18 y 2 de Corintios 1:6*. Por Amor a Dios padecemos y debemos padecer por la causa de Cristo.

(C). Pasiones maritales, estas son naturales y las creadas por Dios. Es la unión intima entre los dos cónyuges legalmente casados. Esto tiene que ver con el área sexual o coito marital entre un hombre y una mujer.

Todo conocimiento sexual y coito marital entre un hombre y una mujer que estén casados, está dentro de lo legal o de lo establecido por Dios, es decir, dentro del matrimonio y en esto no hay pecado. *Génesis 1:27, 28; 2:24; Mateo 19:5, Marcos 10:6 – 9; Lucas 16:18 y Efesios 5:31*. Si Dios creó el matrimonio no puede ser que la unificación entre un hombre y una mujer sea pecado, porque si hubiera sido así, Dios se estaría contradiciendo así mismo y a su palabra. Lo que Dios no aprueba son las pasiones desordenadas o los deseos desenfrenados, que estos sí son pecados.

En los verdaderos matrimonios cristianos no existe, ni debe existir el divorcio, ya que esta idea de separar a las parejas y a las familias o el de destruirlas y dividirlas es y ha sido siempre desde el principio del maligno, por lo tanto, en el diccionario cristiano no debe existir la palabra divorcio. Nuestro Señor Jesucristo se refirió acerca de esto en las siguientes citas bíblicas: ***Mateo 19:1 – 12; Marcos 10:1 – 12 y Lucas 16:18***. Pero el Señor, en el verso seis (6) de Mateo capítulo 19, y en Marcos 10:9, Dios prohíbe el divorcio. Porque lo que Dios juntó no lo separe el hombre. Sólo la muerte lo puede hacer. Las pasiones maritales son expresiones de amor exclusiva de los que están casados y deben estar dentro de los límites o parámetros del matrimonio, entre un hombre y una mujer que sean de Dios.

1.3. *Las obras de la carne y el fruto del Espíritu.*

Las obras de la carne son todas las acciones malas y perversas que van en contra de la voluntad de Dios, la de su palabra y en contra de su Santo Espíritu. Estas a su vez se oponen a las acciones buenas del Espíritu, es decir que tanto el Espíritu de Dios y las obras de la carne son totalmente diferentes y opuestos entre sí. Las obras de la carne las podemos encontrar en

Gálatas 5:19 – 21 y estas son: **(1)**. Adulterio, **(2)**. Fornicación, **(3)**. Inmundicia, **(4)**. Lascivia, **(5)**. Idolatría, **(6)**. Hechicerías, **(7)**. Enemistades, **(8)**. Pleitos, **(9)**. Celos, **(10)**. Iras, **(11)**. Contiendas, **(12)**. Disensiones, **(13)**. Herejías, **(14)**. Envidias, **(15)**. Homicidios, **(16)**. Borracheras, **(17)**. Orgías, y cosas semejantes a estas son pecados. Mas las manifestaciones del Espíritu o mejor dicho el fruto del Espíritu Santo de Dios, son las virtudes de Dios en nosotros; y estas nos ayudan a crecer espiritualmente y estas son: **(1)**. Amor, **(2)**. Gozo, **(3)**. Paz, **(4)**. Paciencia, **(5)**. Benignidad, **(6)**. Bondad, **(7)**. Fe, **(8)**. Mansedumbre, **(9)**. Templanza, contra tales cosas no hay ley; es decir que no hay pecado. ***Gálatas 5:22 y 23***. Pero Dios nos manda en Gálatas 5:24, que crucifiquemos nuestra carne con nuestras pasiones y deseos.

1.4. El amor ágape y el Amor fraternal.

Hoy día escuchamos hablar de muchas clases de **"amor"**: Como el amor filial, el amor erótico, el amor platónico, el amor libre, el amor propio, el amor al arte, y otras clases de amor con **"a"** minúscula, es decir, amor menor como las llamo yo. Estas clases de amor, no representan al verdadero Amor de Dios, es decir al Amor con **"A"** mayúscula. Pero el Amor de Dios es conocido como el Amor Ágape, este Amor es incondicional; es decir, que no pone o coloca barreras, obstáculos. Este es un Amor limpio y verdadero, es Cristo Jesús en nosotros. Aunque el origen de la palabra "Ágape" se remonta a la época de los primeros cristianos, cuando estos hacían una cena o comida fraternal expresando su unidad y amor entre los creyentes. De ahí fue que surgió el **"Amor Ágape de Dios"**. Por lo tanto debemos entender que la vida biológica es diferente a una vida llena de verdadero Amor, es decir, llena del Santo Espíritu de Amor, que a la vez es Dios mismo en nuestro corazón.

Amar al hermano, amar al prójimo, amar a los hijos, amar a los padres, amar a las cosas, etc. No es ponerlas en primer lugar, sino que es estar en paz y en armonía o en comunión con nuestros semejantes, y aún así con la creación misma. Con esto demostramos que amamos a Dios sobre todas las cosas y que tenemos en verdad a Dios en nosotros y en nuestras vidas. Dios siempre debe ocupar el primer puesto en nuestro corazón y no darle ese puesto a otras cosas, ni mucho menos a nadie más. En la Biblia hay un ejemplo vivo y real de verdadero Amor y es el de Abraham cuando le demostró a Dios, que Él era su Amor verdadero, entregándole en obediencia a su hijo unigénito en sacrificio. Aunque Dios probó el Amor y la fe de Abraham, este no renegó en ningún momento de Dios y de su petición, demostrando así total obediencia a Dios, por lo cual y por esta acción, fue hecho amigo de Dios y fue hallado justo delante de Él. *Génesis 22: 1 – 12 y Santiago 2:23*, por no haber negado a su único hijo. Y esto tiene mucha semejanza y relación con lo que Dios hizo por nosotros, por Amor a nosotros, no negando también a su Hijo Unigénito que es nuestro Gran Salvador Jesucristo, para que muriera por nuestros pecados, derramando su preciosa sangre en la cruz, es decir, su Amor por nosotros **"A pesar de…"** nuestros pecados, actitudes con **"c"** y aptitudes con **"p"**, etc. Esto es lo que significa también el Amor de Dios, que Él nos ama "a pesar de cualquier cosa"; ya sea con nuestros errores y defectos, con nuestras virtudes y talentos, etc. Una vez más notamos que no son las pasiones, los deseos, las emociones, los sentimientos y nada que se le parezca a éstos, sino que el Amor es Dios: Su verdadero significado y definición. Por lo tanto, el amor fraternal es el mismo Amor de Dios en el corazón del hombre de Dios o del ser humano transformado por Dios. Este Amor fraternal es el que da Dios para amarnos entre hermanos, es decir, entre seres humanos; sin distinción de razas, sexo, religión o creencia doctrinal, ideas políticas, etc. Es también amar al desvalido, al menesteroso, al pobre, al rico, al desamparado, etc. Esto es lo que significa el Amor Fraternal, mientras que el Amor Ágape es la comunión de Dios con el hombre y del hombre con Dios, el Amor Fraternal es la comunión del hombre con el hombre, y su armonía y paz. Estas dos manifestaciones del Amor de Dios, son totalmente incondicionales, es decir, que no hace acepción de personas. No pone impedimentos, ni mucho menos destruye, porque el verdadero Amor olvida los rencores y el odio. Ama de verdad hasta a los propios enemigos, y esto lo dice las siguientes citas bíblicas:

Mateo 5:38 – 48, 22:34 – 40; Marcos 12:28 – 34 y 1 de Tesalonicenses 4:9. En esto consiste el Amor Fraternal: En amarse los unos a los otros, que es el mismo Amor de Dios. El Amor Fraternal no es Amor de hermano, es amar al hermano y al prójimo, sin ninguna excepción. El Amor Fraternal es el mismo Amor Ágape de Dios, pero en diferente dimensión, posición o punto de vista diferente. Cuando también se habla de Amor Fraternal, es compartir el mismo Amor de Dios con otros que lo necesitan, es dar a conocer a Cristo como el único Amor verdadero. Cuando se habla también del Amor Ágape, se habla del único Amor exclusivo de Dios. El Amor de Dios es un Amor limpio, santo, sin condiciones e intereses egoístas o egocéntrico, es un Amor desinteresado, es un Amor que lo tiene todo, que lo da todo "a pesar de…", es decir, a pesar del pecado, de la prueba, del conflicto, etc. El ser humano le ha dado nombre al amor para identificarlo, mas no para expresarlo y manifestarlo; porque el Amor se manifiesta cuando le buscamos y le hallamos. El Amor está vivo y estará siempre con nosotros, porque el Amor no está en una simple palabra muerta, sino que es manifestación y el significado de Dios en la vida y corazón del hombre.

El Amor como mandamiento

Un mandamiento es una ordenanza o mandato que implica una autoridad y una obligación, es decir, un sometimiento total de una cierta ley que debe cumplirse al cien por ciento (100 %), es decir, en todos los aspectos obligatorios de una dicha ley, ya sean leyes divinas o humanas. *1 de Juan 2:7 – 17; Mateo 22:34 – 40 y Marcos 12:28 – 34*. El Amor es el gran mandamiento que Dios nos ha delegado a través de su Hijo amado Jesucristo, y después de éste no hay otro más ni habrá otro. Las anteriores citas bíblicas hablan de ese hermoso, bello y gran Amor de Dios.

En los diez mandamientos, Dios nos habla del Amor al prójimo, es decir, del Amor fraternal y del Amor a Dios o del Amor ágape. En la Biblia vemos un ejemplo más claro cuando se le acerca al señor un joven muy rico y éste le pregunta al Señor de la siguiente manera: *¿Qué haré para heredar la vida eterna?* Es una pregunta muy interesante y que muchos deben hacerse también, pero el Señor puede responder esta pregunta así como le respondió al joven rico de la siguiente manera:

¿Y por qué me llamas bueno?, ninguno hay bueno, sino sólo Dios. Los mandamientos de Dios sabes: No

adulteraras; no mataras; no hurtaras; no dirás falsos testimonios; honra a tu padre y a tu madre. Lucas 18:19 y 20.

El señor Jesús le nombró cinco (5) mandamientos que tienen que ver con el prójimo. En esto consiste el verdadero Amor de Dios, en amar al prójimo, y no solamente a tus familiares y amigos, a tu novio o novia, a tu esposo o esposa, a tus hijos o hijas (si los tienes), no, sino que el Amor es total y general, y además porque es un mandamiento divino del mismo Dios y del Señor Jesucristo, y éste no hace acepción de personas.

El Amor: El verbo hecho carne o el Amor personificado

*E*l Amor tomó la forma de un hombre y vino a la tierra a padecer y a morir por nuestros pecados, éste Amor se mostró a los hombres para que le conocieran, es decir, para que conocieran el verdadero Amor. Un Amor encarnado y humanado en la forma y en la persona de Cristo Jesús. Un Amor vivo, que tuvo carne y huesos como nosotros, pero que ahora es cuerpo glorificado. *Lucas 24:39.* Jesucristo es el Amor, un Amor que no conoció corrupción, ni pecado y se levantó de los muertos o fue levantado de entre los muertos, resucitando por nosotros los pecadores. *Juan 1:1 – 18*. Estos versículos nos hablan y nos dice claramente de ese Amor o Verbo hecho carne. El verso nueve (9) de primera de Juan cuatro (4), nos dice de la siguiente manera:

"En esto se mostró el Amor de Dios para con nosotros, en que Dios envió a su Hijo Unigénito al mundo, para que vivamos por Él."

Cuando éste verso nos dice que se **"mostró"** el Amor de Dios, se está refiriendo o puede tomarse de las tres formas o interpretaciones siguientes:
1). Que Dios ama y amó tanto a la humanidad que sacrificó a su hijo Jesús como el único sacrificio vivo y justo por nuestros pecados. *Juan 3:16.*

2). Que el Amor de Dios se mostró en forma de hombre, para que conociéramos el verdadero Amor de Dios, es decir, al verdadero Amor personificado, Jesucristo el Amor mismo. *Filipenses 2:1 – 11*.

3). Y el tercero es que el Amor, así como es invisible también es visible; y para eso se mostró, para que le conociéramos tal como Él es y no solamente en el físico, sino también por sus obras, acciones, milagros, etc. También ese Amor se manifiesta a través del Espíritu Santo de Dios, que es el consolador y el verdadero amigo, por lo cual, nunca estaremos solos porque el Señor nos lo dice en *Mateo 28:20*. Por lo tanto, esta cita implica una promesa de parte del Señor.

El Amor de Dios siempre nos estará acompañando y nunca nos dejará, porque Él es siempre fiel aunque nosotros seamos infieles. El amor aunque sea un mandato de Dios, debemos amar voluntariamente, es decir, con el corazón y no por una imposición; sino que sea sincero y no una falsa manifestación de un sentimiento hipócrita y traicionero como el de Judas Iscariote. Porque los que en verdad aman, algún día verán al verdadero Amor que es nuestro Señor Jesucristo, tal como Él es. *1 de Juan 3:2*.

La Biblia: La fuente y el puente que nos conduce al verdadero Amor

Si leemos y escudriñamos cada día la Biblia, encontraremos el verdadero Amor de Dios y no en otro lugar. La Biblia es la fuente y el puente que nos proporciona y nos presenta a Cristo como el único Amor verdadero y el único que nos da salvación. *Hechos 4:12*. Por lo tanto le invito a que lea la misma palabra del Señor, que es la Biblia, porque en ella está la verdad de todas las cosas. Las citas bíblicas siguientes, nos hablan claramente de quién es el verdadero Amor, y además, toda la Biblia nos enseña y nos habla del verdadero Amor de Dios. *1 de Juan 4:7 – 21; 1 de Corintios 13:1 – 13 y Romanos 8:28 – 39*. La Biblia es Cristo Jesús, el Amor hecho palabra, el pan de vida que descendió del cielo. *Lucas 4:4 y Juan 6:25 – 59*. Solamente la palabra de Dios nos da vida y salud en donde quiera que estemos, porque para Dios no hay barreras, ni distancias, y esta nos da libertad. *Juan 8:31, 32; Lucas 7:1 – 10 y Mateo 8:5 – 13*. A través de la preciosa palabra de Dios encontramos muchos tesoros escondidos que si procuramos con diligencias descubrirlos, Dios nos ayudará a encontrarlos y será medicina para nuestros huesos, es decir, el calcio físico y espiritual de nuestro cuerpo. *Hebreos 4:12*, nos dice que la palabra de Dios es más cortante que toda espada de dos filos. Una vez más vemos que la palabra de Dios o el verbo es Cristo: La palabra de vida eterna para aquellos que la han aceptado, guardándola o atesorándola en sus corazones, y de destrucción para aquellos que la rechazan o la han rechazado. *Juan 3:36*.

Jesucristo, el Amor encarnado, es el protagonista principal y el centro de atracción de toda la Biblia. Es el único que nos puede brindar de su perfecto y verdadero Amor. Dios nos dice que toda la Escritura es inspirada por Dios… *2 de Timoteo 3:15 − 17*. Esta, también, nos da sabiduría. La palabra de Dios es la medicina para nuestro cuerpo y el refrigerio para nuestros huesos. *Proverbios 3:8; 4:20 − 22 y 16:4*. Cristo es la palabra viva y eficaz, porque por sus obras y acciones podemos ver que Él mismo es la palabra viva o el verbo que se hizo carne o el verbo humanado.

Hoy día hay libros que nos hablan, nos enseñan, nos guían y nos aconsejan; como por ejemplo: los libros que nos hablan de cómo cocinar o aprender a cocinar y que nos dan recetas de cocina. Otros nos enseñan a cómo decorar, otros nos enseñan a armar (XY) aparato, es decir, las guías o manuales de instrucciones. Así es también la Biblia, un gran manual, una gran guía que nos enseña del verdadero Amor; de cómo poder buscar ese Amor, cómo encontrarlo, cómo conservarlo, cómo podemos dar de ese mismo Amor y amar de verdad. La Biblia nos da la verdadera receta para poder amar de verdad, y tener Amor verdadero. No hay otras recetas, ni otros libros que nos hablen de un verdadero Amor, sino únicamente Cristo: El verdadero Amor. Por lo tanto, El Amor es un verbo y a la vez un nombre propio, que significa Jesucristo en el corazón de un ser humano arrepentido. Jesucristo es Amor manifestado, revelado y personificado en la forma humana de nuestro Gran Dios encarnado o humanado. El corazón del hombre es como un vaso que contiene el Amor de Dios. Hay muchas personas o individuos que tienen el Amor implantado en la mente, el cual no es el lugar correcto, ni adecuado para el Amor; es decir, estas personas no conocen el verdadero Amor de Dios. Pero en la viña del Señor, también, hay creyentes o cristianos evangélicos superficiales que no han nacido de nuevo, que tampoco conocen el verdadero Amor, y aún así no habita en sus corazones. Porque el hombre sin Dios, sólo tiene una vaga ideología de lo que es el Amor; es decir que el hombre sin Dios tiene idea o conoce lo que es el Amor, pero con sus hechos, actos y acciones niegan la eficacia de ella, porque no conocen el verdadero Amor; y aún así no está en sus vidas y en sus corazones. El hombre sin Dios, sólo se basa en una simple palabra muerta y en muchas ideas erradas de lo que es el Amor. Únicamente, los verdaderos hijos de Dios tienen Amor, y los que tienen Amor tienen a Dios en su corazón. Este Amor es el que anhela entrar en los corazones sedientos y mostrárseles y revelárseles de una manera muy especial.

El corazón

El corazón es el cofre que contiene lo bueno o lo malo, es decir, cosas buenas o cosas malas, cosas nuevas o cosas viejas; pero éste debe contener lo más importante: El Amor de Dios o Dios Amor. Así como se guarda el Amor, también se puede guardar lo más desagradable y lo que pudre, acaba y deteriora a un corazón tanto física como espiritualmente, que es el odio. El odio y el rencor son del diablo, como el Amor y la misericordia son de Dios, es decir, de Cristo. Del corazón mana la vida como lo dice el libro de Proverbios. Aunque nunca debemos confiarnos del corazón, porque siempre lo debemos someter a Dios, para que sea Él quien decida o elija por nosotros lo que nos conviene. Coloquemos a Dios como nuestro corazón, o mejor dicho permitámosle a Cristo que sea Él el que gobierne y controle nuestro corazón y nuestra voluntad. Si le permitimos que controle nuestro corazón y aún nuestras vidas, jamás tendremos fracasos, porque Dios es perfecto y nunca se equivoca. Si nos dejamos guiar y ayudar por Dios, estaremos siempre en victoria; y no solamente eso, sino que andaremos de victoria en victoria y de triunfo en triunfo como lo dice su palabra. Cuando nos entregamos de corazón a Cristo Jesús, le estamos dando nuestra vida, nuestra voluntad, nuestro ser; y nuestro corazón se convierte en la nueva morada de Dios, es decir, de Cristo, y por esta razón Jesús siempre será el único Amor verdadero en nuestro corazón, y después de Él y antes de Él no hay nadie más. Esto nos da a entender que ya no dependemos de nosotros mismos, es decir, de nuestras emociones, sentimientos, etc. Sino que nuestro todo es Dios y nuestra vida le pertenece a Él. Pero hay momentos en que colocamos en nuestros corazones barreras y obstáculos que nos impiden seguir luchando o seguir adelante. Solamente en Cristo podemos derribar esas murallas o barreras que colocamos o que a veces nos dejamos colocar por el enemigo, y aún por nosotros mismos. Existe una poderosa arma que siempre podemos usar para derribar esas barreras que hay en nuestros corazones, y esa arma poderosa es la **"oración",** que es la fuente y el puente de todo poder, porque a través de la oración; Dios nos santifica, nos fortalece y nos mantiene vivos en Cristo Jesús. Pues en el corazón se desarrollan los sentimientos, las emociones y en donde se maquinan las ideas, para luego pasar a la mente o al cerebro. Luego se convierten en pensamientos, ideas, opiniones, sueños, deseos, anhelos, etc. Ya que el cerebro se encarga de reproducir las ideas, luego selecciona la idea correcta; esto depende del libre albedrío de cada persona, porque también se puede elegir las falsas y erradas ideas que producen destrucción en la vida de cualquier ser humano. Nosotros debemos saber controlar nuestros pensamientos y nuestro corazón, sometiéndolo a Dios, para que Él los purifique y los controle a su voluntad. El ser humano tiene un corazón completo y bien desarrollado por Dios, con la capacidad de sentir y de amar, que no poseen los animales o los demás seres vivos. Nuestro corazón es superior al de los animales, ya que nuestro corazón no solamente cumple la función de bombear la sangre por todo el cuerpo, sino también la de producir sentimientos, afecto y Amor que es lo que debe llenar el corazón del hombre y no de falsas ideas erradas de amor fingido, de amor de humo, de amor de neblina; porque esa clase de amor no existe, sino aquel verdadero Amor que es Cristo Jesús en la vida y en el corazón de un verdadero hijo de Dios. El corazón es el que recibe todos los beneficios de la vida y también todos los golpes de la vida, es decir, las ofensas que nos hacen y nos hieren. El corazón cuando recibe estos golpes, es como una pera de boxeador; recibiendo los constantes golpes de quienes nos afrentan o nos ofenden. El corazón es el centro vital de nuestro cuerpo, es decir, la base central de mando en nuestras vidas, donde se decide lo bueno o lo malo. Debemos saber que Dios nos juzgará por las cosas que hagamos, sean buenas o sean malas. Lea las siguientes citas bíblicas. *Eclesiastés 11:9 y 10; 12:13 y 14; Proverbios 4:23*. Por lo tanto guardemos nuestro corazón de aquello que nos pueda destruir o hacer mucho daño.

El Amor de Dios es como la sal: Nos da sabor, nos sazona y nos da el sentido de vivir. El Amor de Dios no es como aquellas clases de amor que el diablo ha inventado para engañar al mundo, a esta humanidad sumergida en sus delitos y pecados. El amor del mundo o del hombre pecador, son como el humo, como el azúcar, como la neblina, que se desvanece; mientras que el verdadero Amor nos alimenta espiritualmente y aún físicamente. También nos enseña a compartir las cosas en común. *Hechos 2:43 – 47 y Hechos 4:32 – 37*. Podemos dar un ejemplo explicativo del verdadero Amor de Dios de la siguiente manera: Si mezclamos el agua con la sal, esta última desaparece por la acción del agua; es decir que la sal sólo se hace invisible. Vuelve a ser visible nuevamente cuando el agua se seca por acción del calor o del fuego. Así es el Amor, nunca deja de ser y nunca dejará de existir. Este ejemplo lo podemos comparar también con la Trinidad divina: Dios el Padre es el vaso que contiene el agua y la sal, es decir al Espíritu Santo y a Cristo Jesús. Así debemos ser los verdaderos hijos de Dios o los verdaderos cristianos, poseer o tener en nosotros el verdadero Amor genuino de Dios que es Jesucristo en nosotros y en nuestro ser. Cuando somos pasados por el fuego de pruebas, luchando en el nombre del Señor Jesucristo y aún en medio de los problemas perseveramos en Él, demostramos al mundo y a Dios; aunque a Dios no hay que demostrarle nada porque el todo lo sabe, que en verdad mora en nosotros el verdadero Amor de Dios, y aunque vengan ríos, tormentas, angustias, etc. Siempre seguiremos adelante luchando por la causa de Cristo en el mundo. El Espíritu Santo es nuestro sol que alumbra nuestros días, es también la luna que ilumina nuestras noches. La sal que nos sazona y nos da sabor para poder vivir. En Mateo, Dios nos compara también como la sal que sazona la tierra. Esa sal es el Amor en nosotros que repercute en los demás seres humanos. *Mateo 5:13*. Si alguno todavía está en duda de lo que es el Amor o se siente confundido, busque a Cristo Jesús y Él le mostrará su verdadero Amor como me lo ha dado a conocer a mí a través de las experiencias vividas en Él. Basta con aceptarlo de corazón como nuestro salvador personal en nuestras vidas, y es en ese momento en que sentirá su amada presencia. El Amor de Dios se manifiesta de una manera única y sin igual, que no se puede describir con palabras. Pero sí se puede contemplar y aun sentir en nuestro ser. Es una experiencia única que sólo pueden vivir y experimentar los verdaderos hijos de Dios y aquellos que le reciben de verdad con corazones arrepentidos y sinceros.

El Amor triangular entre Dios y los hombres

He representado en una forma gráfica, la manera de cómo se recibe en forma simbólica el Amor de Dios o Dios Amor en la vida del hombre.

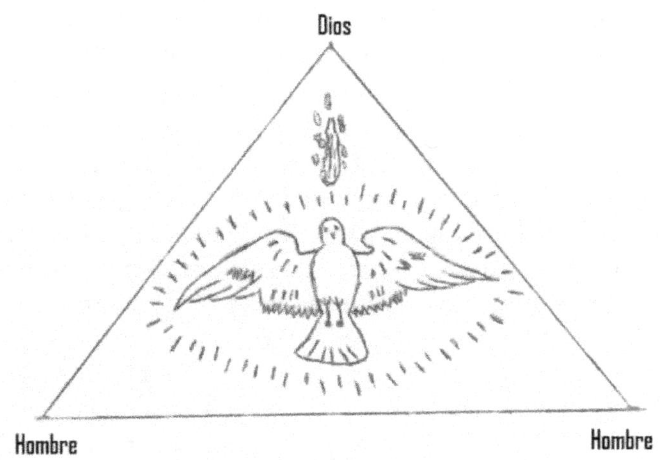

Sabemos que el Amor de Dios se da o se manifiesta de dos maneras, las cuales son: 1**)**. El Amor ágape y **2)**. El Amor fraternal. El primero, como ya se dijo anteriormente, es el Amor directo de Dios en el corazón del hombre, es decir, es

El verdadero Amor de Dios

la comunión intima y personal que puede y debe tener todo ser humano para comunicarse con Dios a través de la oración y poder recibir en forma directa el verdadero Amor de Dios, para luego compartirlo en forma indirecta a los demás; es decir, indirecta de Dios usando a otro hombre como canal de bendición para mostrar y manifestar su Amor original y único, reflejado en sus hijos. El segundo, es el Amor directo entre los creyentes cristianos redimidos por la sangre de Cristo Jesús. Solamente los verdaderos hijos de Dios pueden amar de verdad a sus semejantes, no importando su condición, etc. Cuando una persona o individuo ha recibido el Amor ágape, éste lo transforma en Amor fraternal, es decir, compartiendo ese Amor recibido con sus semejantes. Por lo tanto, el Amor de Dios es vertical y horizontal a la vez. Cuando hay Amor vertical hay Amor horizontal, y ambas son inseparables e insolubles.

La grafica nos dice en pocas palabras, que para amar debemos tener a Dios; es decir, a Cristo en nuestro corazón como nuestro verdadero Amor, ya que Dios es el que llena nuestro corazón. Una persona que no tiene a Dios en su corazón no tiene Amor, porque Dios es Amor y una persona que no tiene Amor no puede amar a otros, porque es imposible amar sino se tiene a Dios en el corazón. El triángulo es un ciclo eterno del Amor de Dios en nuestros corazones, es decir, su Santo Espíritu en nuestras vidas y en nuestros corazones. Este triángulo de Amor es eterno, dependiendo de nuestra voluntad, es decir, que nunca se rompa o nos alejemos y nos apartemos del verdadero Amor de Dios, porque el Amor de Dios nunca deja de ser; y tampoco dejará de existir. ***Lea 1 de Corintios 13:8 y 1 de Juan 4:8***.

El Amor de Dios es vertical, es decir, de arriba hacia el corazón del hombre; es decir, que desciende cuando le buscamos en oración, sabiendo primero que todo; que este Amor es directo en el corazón del hombre que le busca en oración, ya sea varón y/o hembra; para luego compartirlo y expresarlo a los demás. Esto es el Amor fraternal y ágape de Dios en el hombre. El Amor de Dios es horizontal, también, cuando éste después de haberlo recibido directamente de Dios lo expresa hacia su semejante; pero de una forma indirecta de parte de Dios, pero directa por parte del hombre quién lo expresa. ***Lea primera de Juan 4:20 y 21 y primera de Juan 3:14 -16***. Por lo tanto, el Amor no es un don, no es un ministerio, no es cualquier cosa; el Amor es una persona sobre natural y esa persona es Dios mismo, es decir, la Persona de Cristo en nosotros o mejor dicho en nuestro corazón. El Amor se manifiesta cuando le buscamos, ese Amor murió por nosotros. ***Juan 3:16***. El Amor no son los detalles bonitos, no son los regalos. El Amor está vivo y mora en el corazón o en los corazones arrepentidos, humildes y sinceros. El corazón es el lugar ideal para Dios y su Eterno Amor. Pero muchos dicen tener Amor, pero sin embargo, con sus actos niegan la eficacia de un Amor verdadero. Un corazón sin Amor siempre estará abatido por la soledad y aún más por los pecados, siempre estará triste, acongojado, amargado, etc. Pero si confiesa sus pecados y se arrepiente de corazón, el Amor que es Jesucristo lo limpiará de todo pecado, porque el Amor cubre multitud de pecados. ***1 de Pedro 4:8; Proverbios 10:12 y Santiago 5:20***. Es necesario amar para poder perdonar de verdad y también olvidar toda clase de ofensa o afrenta, porque el Amor olvida y jamás recuerda o intenta recordar. El Amor no se hace, sino que el Amor nos hizo,

El verdadero Amor de Dios

nos creó a nosotros y no nosotros al Amor, porque Dios es el Amor. ***Salmos 100:3 y Génesis 1:1***.

La Santa Escrituras, La Biblia, nos enseña que Dios es el creador de todo lo que existe, aún de lo que no existe; y también de lo visible e invisible. Por lo tanto, la definición del Amor es bíblica, es decir, que la Biblia nos muestra esa perfecta definición del Amor y quién es el Amor. Si leemos y escudriñamos las Escrituras Sagradas, nos daremos cuenta que esta nos revela y nos muestra el Amor verdadero que es Dios en nuestras vidas y que más tarde encarnó o tomó la forma de un hombre llamado Jesús para luego morir en una cruz y perdonar nuestros pecados y darnos salvación, es decir, el Amor revelado y manifestado al hombre para que por el vivamos en santidad y verdadero Amor, y no nos vayamos a la condena eterna. El Amor es amplio para con los hombres, aún para con la creación misma. Dios no nos ama a medias, Dios nos ama por completo y si no hubiera sido así; entonces la palabra de Dios fuera mentirosa, falsa y no serviría de nada y para nada, ni tampoco se cumpliría lo que dice ***Juan 3:16***. El hombre es el que tiene que aprender a amar, es decir, tener a Dios en su corazón, porque es el hombre mismo quién es estrecho para amar y dejarse amar por Dios y por él mismo. Debemos abrir nuestro corazón a Dios y dejarlo entrar, para que sea Él cambiando y reinando en nuestras vidas y en nuestros corazones. El Amor no nace, sino que se busca y el que busca encuentra el verdadero Amor de Dios.

No existe otros amores, no existe géneros de amores, ni clase de amores, porque el Amor es Dios mismo; es decir, que son Dios Padre, Dios Hijo y Dios Espíritu Santo. El mundo no querrá comprender, entender y aceptar a este

Amor verdadero, porque el pecado los induce a desviar el Amor de Dios, es decir, que quieren acomodar el Amor a su manera y aún así pervertirlo en sus delitos y pecados. El mundo no conoce el verdadero Amor; pero lo intentan imitar, expresándolo a través de sentimientos, emociones y cuantas ideas erróneas y falsas le vienen a la mente. Solamente el que conoce a Cristo ha conocido el verdadero Amor de Dios y en la imagen que se mostró anteriormente, nos indica simbólicamente que el Amor es triangular, es decir, de Dios a los hombres y de los hombres entre sí. Lo que la Biblia llama o denomina en forma explícita o implícita el Amor Ágape o el Amor Fraternal de Dios en el corazón del hombre. El Amor es un ciclo eterno y divino de nuestro amado Dios, aún, la Biblia dice en 1 de Corintios 13, que el que no tiene Amor no es nada, y vale la pena repetir esta corta expresión: ***"No es nada."***

La filantropía de Dios

Según los diccionarios seculares, definen a la filantropía como el amor al género humano, pero esto en la realidad no es así, es decir, que la palabra filantropía existe o está sólo en los diccionarios, y no en los seres humanos. La filantropía es más bien Cristo, el Amor de Dios hecho hombre y que habita en el corazón de un ser humano arrepentido y nacido de nuevo; tanto por el agua como por el Espíritu Santo de Dios. Cristo es la filantropía que murió por Amor a la humanidad, dándose a sí mismo para morir en una cruel y horrenda Cruz. *Lea Romanos 5:8*. El Amor de Dios es eterno, es decir, que nunca dejará de ser y de existir, porque Dios es Amor. *Jeremías 31:3; 1 de Corintios 13:18 y 1 de Juan 4:8*. La filantropía de Dios nos enseña que todo lo que existe fue creado por el Amor de Dios, aún lo que no existe. Lo que no se puede ver o lo invisible. *Colosenses 1:16 y 17*. Dios es el único que ama, porque Él es Amor, por lo tanto; para nosotros poder amar es necesario tener a Dios o mejor dicho a Cristo Jesús en nuestro corazón y permanecer siempre en Dios o en Cristo Jesús. Jehová o el Dios Trino, cuando creó los cielos y la tierra, selló con broche de oro a la creación; creando como última instancia al ser humano. El hombre fue lo último en la creación, no porque Dios tuviera en poco al hombre, sino que Dios para sellar su creación, tomó al hombre como sello grato de su creación perfecta; aunque Dios sabía y conocía lo que iba acontecer en el hombre, es decir, su desobediencia. Pero también Dios tenía la salvación a lo que iba a suceder en el hombre. La Biblia nos dice que los últimos serán primeros y los primeros serán los últimos. ***Mateo 19:30; Mateo 20:16; Marcos 10:31 y Lucas 13:30***. La filantropía de Dios hacia el hombre es grande, y Dios quiere que el hombre le conozca y sepa que Dios es el verdadero Amor. El hombre, cuando fue creado, fue creado con Amor y por Amor, y no para ser un adorno de la creación o un capricho de Dios. Él nos hizo o nos creó con un propósito, aunque ya Dios conocía el pensamiento, las intenciones del hombre y su corazón. El amor no se hace, sino que el Amor nos hizo a nosotros y no nosotros al Amor, y debemos buscar siempre este Amor y llenarnos cada día de Él. Pero este Amor se manifiesta en los verdaderos corazones contritos y humillados. También este Amor se manifiesta en los corazones arrepentidos y sinceros. ***(1 de Timoteo 1:5)***. El Amor debe ser sin fingimientos, sino con un Amor genuino y verdadero. ***Romanos 12:9 y 10***. El Amor Ágape y el Amor Fraternal que mencioné anteriormente son en resumen ó en síntesis la filantropía de Dios, es decir, de Cristo Jesús en la tierra. Dios en su filantropía única, manifiesta o dice lo siguiente:

El verdadero Amor de Dios

"Nadie tiene mayor Amor que éste, que uno ponga su vida por sus amigos." Juan 15:13.

Otras de las frases filantrópicas de nuestro amado Señor Jesucristo la encontramos en **Mateo 22:37 – 39**. Dios manifestó esa misma expresión a los antiguos profetas y patriarcas del antiguo testamento. Lea *Levíticos 19:18 y Deuteronomio 6:5*. También en la filantropía de Dios está el amar a los enemigos y no solamente a los amigos o a los conocidos, o a los que nos hacen bien. *Mateo 5:38 – 48*. Pero si en esta vida alguien nos paga mal o nos ha pagado mal, nosotros como verdaderos hijos de Dios o cristianos verdaderos, no debemos pagar de igual manera, ni tampoco hacerle mal a nadie; porque debemos ser imagen de aquel que murió en una cruz.

Cuando escribo de la filantropía, no estoy escribiendo de una doctrina, no, sino que escribo de Dios, es decir, del Amor que es Dios mismo, porque el amor no es una doctrina, religión, dogma o ritos religiosos, no, sino que el Amor es una persona; es decir, la persona de Dios o de Cristo en la vida de un verdadero hijo de Dios. Un ser humano sin Amor o sin Dios no es nada. El hombre debe ser filantrópico, teniendo el verdadero Amor de Dios en su vida y en su corazón, para luego poderlo compartir con quienes lo necesitan, y no solamente con los que tienen Amor, porque entonces no estaríamos haciendo nada. Lea *Mateo 5:46 – 48;*

Levíticos 19:18 y Deuteronomio 18:13. Cuando Dios dice que amemos a nuestro prójimo, no se está refiriendo únicamente a los hermanos en la fe o en Cristo Jesús, sino que esto de amar al prójimo es en general y no parcial. Esta ley es amplia, por lo tanto, las siguientes citas bíblicas lo explican claramente. Busque en su Biblia ***Levíticos 19:17 y 18 y primera de Juan 3:9, 10 y 11***. Amar al mundo no implica estar envueltos en sus delitos y pecados, o amar las cosas del mundo, no, sino que es sufrir por las almas perdidas en sus delitos y pecados, predicándole a un Cristo vivo y resucitado de entre los muertos. Predicándole también su poderoso Evangelio de salvación y de arrepentimiento. Esto está escrito y mandado por nuestro Señor Jesucristo. ***Mateo 28:18 – 20; Lucas 24:46 – 48 y Marcos 16:15 y 16***. Dios, al decir en su palabra de que no amemos al mundo o seamos amigos del mundo, se refiere a las cosas malas y pecaminosas que Dios mismo reprueba y que pueden destruir la vida de un verdadero hijo de Dios o creyente, y no a las buenas intenciones de padecer por los que están perdidos en el pecado. Dios demostró su Amor filantrópico, al enviar a la tierra a su Hijo amado Jesucristo para que muriera por los pecados de la humanidad, y así redimir y reconciliar a los pecadores con Dios. Este Amor se mostró a través de los milagros que el mismo Jesús hacía. También Jesús mostró su Amor filantrópico a través de las sanidades que Él mismo hacía a los que tenían enfermedades graves e incurables, mostrando así su Amor incondicional y único a los necesitados y desahuciados por la ciencia médica de aquel entonces. El Señor, también, con sus sermones y predicas mostraba su Amor a las almas sedientas de verdadero Amor, es decir, de palabras de esperanza, justicia, juicio y verdad; como el hermoso sermón del monte en *Mateo 5:1 – 12*. Jesús fue el verdadero filantropólogo de toda la tierra, de todo el universo y de todos los tiempos, al demostrar su inmenso Amor hacia las almas perdidas, necesitadas, enfermas, solitarias, abatidas, etc. Jesús nunca hizo acepción de persona, ni nunca lo hará, porque Él es imparcial y nunca echa fuera a nadie, es decir, aquellos que vienen a Él con corazones contritos y humillados. Lea *Juan 6:37*. Por lo tanto, este Amor no lo tiene nadie más que Dios mismo, y Él es el único que puede amar, porque Él es Amor. El hombre para poder amar, necesita a Dios o mejor dicho a Cristo en su corazón, por lo tanto, el hombre no puede amar por su propia voluntad, sino que éste debe primero que todo, arrepentirse de corazón de todos sus pecados, y dejar que el Amor de Dios lo transforme por completo, y así de esa manera o de esa forma podrá amar a su semejante sin ninguna discriminación por razones de sexo, raza, opinión política, creencia doctrinal o religiosa, etc. Porque el Amor no hace acepción de personas, sino que éste es amplio para con todos los que le buscan de corazón. Dios nos ama con Amor eterno, y nunca nos abandonará o nos dejará, porque Él es fiel; aunque nosotros le fallemos y le seamos infieles. *Salmos 117:1,2 y 2 de Timoteo 2:13*.

El Amor: Verbo y sustantivo

Sabemos que el Amor es Dios, y que no existe otro Amor verdadero, sino el que siempre ha existido. *1 de Juan 4: 7 – 21*. Éste es el verbo y el sustantivo de Dios.

1). El Amor como verbo: El Amor es verbo, es palabra viva o palabra hecha carne o encarnada, es decir, que es Cristo. *Juan 1:1 – 18*. Este Amor o Verbo se puede conjugar en nuestras vidas, en nuestros corazones, en nuestras mentes y en todo nuestro ser: espíritu, alma y cuerpo. Dios es el que mora en nuestras vidas como Rey y Supremo Soberano, dueño de nuestras vidas, de nuestro ser y de nuestra voluntad. La Biblia es el Amor hecho palabra, para nosotros los seres humanos, ésta es la constitución del alma, el mejor libro de urbanidad del verdadero cristiano e hijo de Dios y el mapa espiritual que nos conduce y nos guía hacia el cielo donde mora nuestro amado Dios. Ésta nos guía a la vida eterna. *Juan 5:39*.

2). El Amor como sustantivo: El Amor es sustantivo porque es una persona, es decir, la persona de Cristo Jesús y es el nombre divino a su naturaleza santa y única, es decir, a su persona eterna. Además, porque Él es el mismo Amor inagotable. Éste Amor se presenta o se manifiesta en tres grandes personas de la Divina Deidad de Dios que son: El Padre, Jehová, el Hijo, Jesucristo, y el Espíritu Santo que es nuestro amado consolador, que es derramado siempre sobre los verdaderos hijos de Dios. Lea **Romanos 5:5**. Éste Amor es completa y totalmente eterno, es decir que no tiene límites, fronteras, no tiene medidas, nunca envejece, no es imperfecto, etc. Dios nos manifiesta su Amor a través de su poderosa palabra. Esto lo podemos ver en el verso 3 de Jeremías 31. Esto quiere decir, que el Amor es la Triunidad Divina de nuestro Grande y Todopoderoso Dios, es decir, que en el verdadero Amor de Dios están incluidas las tres divinas personas, y éstas son insolubles e inseparables. El Amor de Dios está cada día perfeccionándose en nuestras vidas como hijos de Dios y verdaderos cristianos, mientras que en otros se enfría o se apartan de ese Amor verdadero y perfecto que es Dios. *1 de Juan 2:4, 5 y 6 y Apocalipsis 2:5*.

"El Amor es como el agua que fluye en mi ser y que sacia mi sed, sed espiritual."

El amor triangular es un ciclo divino, es decir, que el Amor es como el ciclo del agua que sube al cielo, riega la tierra, hace que la tierra produzca hierba y árboles frutales, etc. Y vuelva el agua nuevamente a su depósito, para luego ser soltada nuevamente. Así como el agua tiene una importancia vital, porque por el agua permanece y subsiste la tierra y todos los seres vivios. *2 de Pedro 3:5; Isaías 55:10 y 11*.

"El Amor es como el fuego que arde en nuestro corazón y purifica nuestras vidas."

El Amor es un fuego vivo que arde, y éste Amor lo podemos ver en el libro de Cantar de los Cantares, capítulo ocho (8), versos 6 y 7. Búsquelo en su Biblia. Así es el Amor de importante para nuestras vidas, y aún vital para poder amar de verdad a nuestros semejantes, ya sean amigos o enemigos, extraños o conocidos, lejanos y también cercanos, enfermos y sanos, etc. Porque sin Amor no existiéramos en esta vida y mucho menos en este mundo convulsionado por el pecado.

"El ser humano sin Amor es como automóvil sin aceite, sin gasolina o sin motor que lo impulse y lo haga mover. El ser humano sin Amor es como ave pero sin alas, como lámpara sin aceite, sin petróleo, sin gas, y aún así, sin luz que alumbre a los que rodea. Una persona sin Amor, es como árbol pero sin frutos, sin hojas y sin flores. Una persona sin Amor es como pez sin agua, como tierra movediza, una persona sin Amor es como arco iris pero sin colores. El Amor es importante porque Dios es importante; una persona sin Amor es como niño hambriento buscando que comer, una persona sin Amor es como estómago vacío."

El verdadero Amor de Dios

Hay un dicho que dice: Barriga llena, corazón contento. Mejor dicho, estómago lleno corazón contento; dando a entender que cuando un alma está saciada, se siente feliz porque ha saciado su necesidad física y gastronómica, es decir, su hambre física más no espiritual.

"Una persona sin Amor es como soldado sin rifle, como pistola sin balas, como bala sin pólvora. Una persona sin Amor es como sabio pero sin ciencia, ni inteligencia y sabiduría; una persona sin Amor es como casa pero sin techo, puerta y ventanas, ¿Con qué se protegerá del agua, del sol, del frío, del peligro, del ladrón y de los extraños? Con sólo tener las puertas, las ventanas y el techo podrán protegerse de estas cosas. Y sólo con tener el Amor de Dios en nuestro corazón, podemos triunfar en esta vida llena de tantos sufrimientos y tanto dolor, porque el verdadero Amor cubre multitud de pecados y triunfa sobre las demás cosas."

***

"Y ante todo, tened entre vosotros ferviente Amor; porque el Amor cubrirá multitud de pecado" 1 *de Pedro 4:8*.

El verdadero Amor se demuestra con hechos y no solamente con palabras, es decir, que el Amor se demuestra con actos, con acciones justas, o mejor dicho con obras. Aunque éstas no salvan a nadie, pero es necesario hacerlas para poder crecer espiritualmente y no para enseñorearnos de ellas; porque la fe sin obras es muerta. *Santiago 2:14 – 26*.

"Una persona sin Amor es como mujer estéril y sin hijos, un ser humano sin Amor es como tierra que no produce hierva y ninguna clase de plantas que den frutos, un ser humano sin Amor es como león muerto, y como perro sin dientes y colmillos, un ser humano sin Amor es como tigre sin garras y colmillos, porque estas son las defensa del tigre y también del gato, de la pantera, del leopardo, etc. Mas el Amor de Dios es la defensa del verdadero cristiano e hijo de Dios. El Amor cubre multitud de pecados y nos ayuda a sanar las heridas internas del corazón. Un alma sin Amor es como avión sin piloto, y aún sin piloto automático, como barco sin timón, como rey sin corona y sin reino; un alma sin Amor es como novio pero sin novia y viceversa, porque la novia es la pasión del novio y viceversa. Un alma sin Amor es como un ser humano sin corazón, sin sentimientos o con un corazón pero de piedra, de hierro, de mármol, etc."

Dios expresa su Amor o mejor dicho, Dios se manifiesta y se expresa a sí mismo a través de la naturaleza, es decir, cuando miramos las estrellas de los cielos brillar y titilar por las noches. Cuando escuchamos las aves de los cielos cantar sus suaves y alegres melodías, cuando las hermosas flores salen de sus capullos adornando los diferentes y hermosos paisajes; cuando escuchamos el bramido del mar, cuando cae la lluvia del cielo para regar y bañar la tierra; ya sea con el rocío de la madrugada, con la nieve y con la fresca agua del cielo, para luego hacer que la tierra produzca los frutos que alimentan y sustentan a las aves, a las bestias del campo y aún al mismo hombre. No hay mayor manifestación de Amor que la creación misma que hizo Dios, ésta es la expresión de Amor más grande; después de haber dado a su Hijo en rescate por nuestras almas. Por ese Amor, el ser humano, los animales o seres inferiores, las plantas y todo lo que hay y existe, las hay o existen por su infinito y verdadero Amor. El ser humano debe alabar y glorificar el nombre de nuestro amado Dios, es decir, honrarle, adorarle, exaltarle y agradecerle a Dios por todo lo que ha hecho, hace y seguirá haciendo. Dios sigue, aún, trabajando y nunca cesará de hacer maravillas, porque Dios es Amor y siempre está dispuesto a bendecir a todo aquel que le busca con diligencia, con humildad, con corazón contristo y humillado. Dios pide del hombre su corazón, es decir, su alma y su voluntad, para sanar las heridas y llenarlo de su inmenso Amor.

El hombre podrá comprar muchas cosas con el dinero, pero el Amor, la salvación, la paz, la felicidad, la alegría, la sanidad exterior e interior; y aún así, la vida eterna no se puede comprar ni con todo el oro y la plata del mundo. *Sofonías 1:18*. Estas se consiguen gratuitamente, si buscamos a Dios y de Dios, que son dos expresiones diferentes. *(Isaías 55:1 – 3.)*. Esta cita bíblica nos lo explica claramente, pero para ello hay que pagar un gran precio en la oración y en la búsqueda día y noche de la presencia de Dios, porque el enemigo no quiere que obtengamos las bendiciones que Dios siempre nos tiene cada día.

Las expresiones "Buscar de Dios y buscar a Dios" son dos expresiones diferentes y que se deben entender o interpretar de la siguiente manera:

a. **Buscar a Dios**: Es buscar el verdadero Amor de Dios. es buscar lo que no tenemos en nuestros corazones, en nuestras vidas y en nuestro ser: Espíritu, alma y cuerpo. Buscar a Dios quiere decir, buscarlo de corazón, porque no lo tenemos o no lo teníamos. Buscar a Dios implica el no tenerlo, por lo tanto, el mundo está vacío, *"buscando a Dios"* en otras cosas que son falsas y que no sacian su sed espiritual, porque es Dios quién nos da la paz, la verdadera felicidad, el gozo, la alegría y es quién llena todo nuestro ser; espíritu, alma y cuerpo.

b. **Buscar de Dios**: Cuando el Amor ya lo hemos encontrado, procuramos buscarlo siempre, es decir, buscar de su Amor siempre; sin dejar de orar, de ayunar, de escudriñar su palabra o la

Biblia y no alejarnos de su presencia, aunque vengan los momentos difíciles o estemos pasando por las diversas pruebas, no debemos desmayar. Cuando buscamos de Dios, es porque ya lo tenemos en el corazón o mejor dicho, que ya Él nos tiene en sus manos. Buscar de Dios, es buscarlo cada día. Buscar de Dios, es buscar de su Amor puro y santo, es buscar de su santidad y de su disciplina. Buscar de Dios, es desearlo cada día más, buscar de Dios es alabarle, es adorarle y cantar cánticos a su divina gloria y majestad. El hecho de que tengamos a Dios en el corazón, no quiere decir de que no le busquemos; esto lo demanda Dios en nosotros. Porque si dejamos de buscarle volveremos siempre a nuestro estado original que es la tristeza, la muerte espiritual, las enfermedades, la amargura, el pecado y los placeres del mundo. Los que buscan de Dios, son aquellos que han nacido de nuevo. Éstos son hombres y mujeres que se arrepintieron de sus pecados y que han reconocido que necesitan un salvador. Éstos se bautizan en Cristo Jesús para servirle mejor al Señor y predicar su poderoso evangelio de Amor, arrepentimiento, perdón, salvación para los que creen y de juicios para los que lo rechazan. *Lea Juan 3:18 y 19*.

Estas dos expresiones, *"Buscar a Dios"* y *"buscar de Dios"*, no las debemos confundir; porque una se refiere a los que están fuera de su Amor, es decir, de su camino, de los que no son cristianos evangélicos. La otra expresión se refiere a los convertidos al Señor, es decir, a los verdaderos hijos de Dios que siguen a Cristo; predicando su palabra y su santa doctrina enseñadas por Jesús. Porque una persona que tiene a Dios en su corazón, puede amar a sus semejantes no importando su condición, cualquiera que sea. Pero una persona que no tiene a Dios en su corazón y en su propia vida, no puede amar por sí mismo, pero si puede querer, desear y apasionarse por otra persona, que es algo natural en el ser humano; y esto se ve más bien en los no creyentes o los que están fuera del camino del Señor, es decir, aquellos que no conocen la verdad y a la vez andan en tinieblas; y aún así dicen ser cristianos, pero que con sus hechos dicen lo contrario. Hay que tener siempre en claro, que una cosa es querer y otra es amar; aunque ambas pueden tener relación o estar conjuntamente relacionadas entre sí. Pueden tener ciertas similitudes en su significado, pero no parecidas o iguales. Para poder amar de verdad, es necesario tener a Cristo en el corazón y estar arrepentido de todo pecado, para que ese Amor genuino y original de Dios haga efecto en nuestras vidas y nos transforme y renueve día a día nuestro espíritu y nuestra alma, porque solamente los verdaderos hijos de Dios pueden amar de verdad, porque este Amor de Dios no es pasajero como el amor que el mundo ofrece. Todo aquel que viene a Cristo Jesús y se arrepiente de sus pecados, aceptando su verdadero amor y su salvación, el Amor de Cristo lo abrasará y lo cobijará totalmente; y así conocerá la diferencia de vivir sin Amor y vivir con el Amor de Cristo en el corazón, porque solamente Dios nos puede dar de su Amor. Además es el único que puede transformar nuestras vidas y nuestro corazón, haciendo de nosotros nuevas criaturas. *2 de Corintios 5:17*.

Otras de las expresiones que necesitan ser explicadas son, *"Busco Amor"* y *"Busco del Amor"*. Estas dos expresiones entre sí, son diferentes; es decir, que tiene cada una un significado etimológico espiritual diferente, que para entenderlo, es necesario hacer el siguiente juego de palabras:

Tomemos la siguiente expresión que es **"Busco Amor"**, reemplacemos la palabra "Amor" por "Dios". La expresión queda de la siguiente manera: "Busco Dios". Si le agregamos a la nueva expresión la vocal "A", entre el verbo buscar y el adjetivo calificativo nominal "Dios" de la expresión, ésta quedará de la siguiente manera: "Busco a Dios". Esta es la verdad única que podemos interpretar de la expresión dada, por lo tanto, debemos saber leer; y aún así saber escribir y pronunciar correctamente las palabras o expresiones para no pasarlas por alto, porque toda expresión es importante si está bien escrita y/o bien pronunciada.

Esta expresión habla de lo que no se tiene o de lo que no existe en los corazones sin Dios. Ahora nos queda la última expresión que dice: "Busco del Amor", hacemos el mismo juego de palabras como hicimos con la anterior expresión. La palabra "Del" es la contracción de la preposición y del artículo "El", o mejor dicho, anulamos la contracción "Del" y dejamos sólo el preposicional "De", y la expresión queda así: "Busco de Dios". Esta expresión habla de lo que está, hay y existe en nuestro corazón, pero buscando más de lo que ya existe o de lo que está en nosotros, esto es la presencia de Dios con nosotros y en nosotros, es decir, su Santo Espíritu. Con esto se da a entender que la palabra "Amor" es Dios mismo, es decir que la palabra Amor es un nombre más de Dios y a su Divina Naturaleza eterna y hermosa, porque Dios es amor. Es necesario explicar esto para un mejor entendimiento o una mejor comprensión de que Dios es nuestro verdadero Amor y que no son las pasiones, los deseos, las emociones, los sentimientos, las cosas bellas o hermosas, los dones o regalos, los atractivos físicos, los impulsos sexuales que a veces con llevan a los fracasos sentimentales, etc. Sino que éste Amor es un ser sobrenatural y ese Amor es nuestro amado Dios triuno: Dios Padre, Dios Hijo Y Dios Espíritu Santo. Estos tres son inseparables e inmutables, es decir, que nunca cambian y sus apariencias son las mismas, porque Dios es eterno y su Amor es inagotable, porque Dios es infinito.

El verdadero Amor de Dios

En la filantropía de Dios, cabe dar un gran ejemplo del Amor en el corazón del hombre, y este ejemplo es el de dos hombres o personajes de la Biblia: David y Jonatán, dos varones de Dios que tenían una verdadera amistad inseparable, influenciada principalmente por el verdadero Amor de Dios que habitaba en sus corazones y que fortalecía cada día su amistad atropellada por un verdadero enemigo llamado envidia (Saúl), éste es un verdadero ejemplo de Amor Ágape y fraternal. Esta amistad entre David y Jonatán era muy especial, a pesar de la rivalidad que había entre Saúl con David, siempre estaban juntos como verdaderos amigos. *1 de Samuel 18:1 – 5*.

Si leemos el libro de *1 de Samuel 18:1 – 5*, y *segunda de Samuel 1:25 – 1:27*, vemos esa amistad genuina y ese Amor verdadero; y aún ese gran respeto de David por Saúl y su hijo Jonatán, no importando la rivalidad que tenía Saúl hacia David, a los dos los amaba y los respetaba de verdad. Jonatán amaba de igual manera a David como si fuera su propio hermano y aun como si fuera el mismo, no importando las rivalidades de su padre contra David, su mejor amigo. Éste no tenía, ni mucho menos guardaba rencor o resentimiento por David, a pesar de que su padre Saúl quería matarlo por envidia o por cualquier otra causa injusta que éste tenía en contra de David.   Saúl odiaba a muerte a David, dos casos muy distintos y diferentes. Jonatán no estaba de acuerdo con los planes homicidas de su padre contra David, su mejor amigo. Era tanto la amistad que tenía Jonatán con David, que éste le revelaba a David los planes destructivos que tenía Saúl contra David. Jonatán persuadía a su padre de renunciar de aquellas ideas destructivas contra la vida de David y lo instaba a tomar conciencia de lo que estaba haciendo, es decir, de los actos y represalias injustas que Saúl había tomado contra David, ya que él no le había dado motivos para que lo intentara matar, ni mucho menos había hecho nada malo para que su vida corriera tanto peligro por causa de Saúl. Éste por su sed de venganza no escuchaba consejos, ni mucho menos los de su hijo Jonatán y procuraba matar a David cuando lo tenía cerca de él. Jonatán para prevenir a David de un peligro inminente por parte de Saúl, lo hacía saber a David; para que éste estuviera preparado y no fuera sorprendido por Saúl y de su persecución o casería que le había montado a su vida. La amistad de David y Jonatán fue un gran ejemplo bíblico de la filantropía de Dios en el corazón de estos dos varones de Dios, es decir, de verdadero Amor, de Amor al prójimo, de Amor al semejante; pero debemos tener en cuenta que no siempre hay que amar a quienes nos aman, sino también hay que amar a quienes nos odian, nos aborrecen, nos ultrajan, etc. Esto de amar a nuestro enemigos nos los enseña el mismo Señor Jesucristo en *Mateo 5:38 – 48 y Lucas 6:27 – 36*.

El Amor es perfección en Cristo Jesús, el Amor es misericordioso, el Amor es perdonador, el Amor es sanador, el Amor hace milagros cuando se ama de verdad, porque el Amor es Dios. El Amor es grande y maravilloso, el Amor es santo y puro, y nunca dejará de ser o de existir. El Amor no tiene límites, ni mucho menos fronteras. El Amor entre David y Jonatán es un verdadero ejemplo de Amor Ágape y de Amor Fraternal, por lo tanto, el verdadero Amor de Dios no implica sexo siempre, ni apariencias físicas, pasiones, deseos y otras cosas que se parezcan a estás; porque el Amor verdadero es Dios o Cristo. Los homosexuales, lesbianas y todo aquel que hace y que practica el pecado; querrá tergiversar la historia de David y Jonatán, mal interpretando su verdadero significado para justificar sus acciones malas y pecaminosas, y seguir así blasfemando el verdadero Amor de Dios, y aún el mismo nombre del Señor. Pero para entender más sobre el verdadero Amor de Dios en la vida de estos dos varones de Dios, es decir, de David y Jonatán, de su verdadera amistad; es necesario leer las siguientes citas bíblicas que nos presentan esa hermosa relación de amigos y de verdaderos siervos e hijos de Dios, porque en los verdaderos hijos de Dios mora el verdadero Amor de Dios. *1 de Samuel 19; 1 de Samuel 20 y 21*. Lea los tres capítulos con mucha atención y cuidado y se dará cuenta usted mismo de lo que quiero decirle.

Amigo y/o hermano, no se deje confundir de los de afuera, es decir, de aquellos que no tienen a Cristo Jesús en sus corazones y que no conocen el verdadero Amor de Dios, porque esto lo profetizó el mismo Señor

Jesucristo. ***Mateo 24:11, 12 y 13***. El Amor es lo único que nos mantiene vivos en este mundo de delitos y pecados, también lo que nos hace ser diferentes al resto de la humanidad perdida en sus delitos y pecados, y que no tienen el verdadero temor de Dios en sus vidas y en sus corazones. El ejemplo más grande de verdadera filantropía, es decir, de Amor al ser humano, fue la de nuestro amado Señor y Salvador Jesucristo; quién dio su vida o se entregó a sí miso para morir por nuestros pecados y así salvarnos de la condenación eterna. Jesús fue el Amor encarnado, es decir, el amor hecho carne, el Amor humanado. El Amor, que siendo Dios tomó forma de hombre y habitó entre los hombres, para que sepamos que Dios siempre está cerca de nosotros y que nunca estaremos solos y nunca nos dejará. Jesús es el Amor que levantó a los muertos de sus tumbas, que sanó a los enfermos; pero que aún lo sigue haciendo en estos tiempos modernos. Que echa fuera demonios, y que hoy día sigue haciendo maravillas. Por lo tanto, la manifestación de Dios en esta tierra en forma de hombre, es la mayor prueba de verdadero Amor, y del más grande Amor e infinito que Dios ha mostrado a sus hijos y aún a éste mismo mundo perdido en sus delitos y pecados. ***Lea Juan 3:16***.

El Amor de Dios es incondicional y nunca pone o coloca barreras, ni mucho menos obstáculos, por lo tanto, debemos amar sin condiciones; ni tampoco haciendo acepción de personas, porque Dios en nosotros es Amor.

Jesucristo fue y será siempre el filantropólogo más grande de todo el universo, de toda la tierra, de todos los tiempos y fuera de Él no existe otro mejor que Cristo Jesús.

La importancia del Amor en el cristiano verdadero

El Amor en la vida de un cristiano es lo más importante. ¿De qué sirve tener ministerios, dones, fe, esperanza y cosas grandes, sino tenemos éste Amor tan grande en nuestro corazón y en nuestras vidas?

Debemos ser llenos del Espíritu Santo o del Amor de Dios para poder ejercer un ministerio, para saber administrar un don o varios dones; porque es Dios, a través de su Santo Espíritu de Amor y poder, quién opera en la vida de un ministro y siervo de Dios, y no su propia voluntad. Estas cosas no llevan al cielo a nadie, sino el verdadero Amor de Dios. El Señor, a través de su palabra, nos enseña que para ser grandes, debemos ser los más pequeños, es decir, el siervo de todos; porque debemos saber que Dios no busca grandes personalidades que tengan altos rangos con títulos universitarios o personas distinguidas, etc. Sino personas humildes y llenas de Dios para que le sirva a su semejante con Amor y no que estén buscando su propio beneficio, por lo cual, muchos en este día han dejado la práctica filantrópica de Cristo, para buscar su propia "fama" su propio interés; y esto no debe ser así, porque entonces estaríamos cambiando la gloria de Dios por la del hombre y Dios no comparte su gloria con nadie. Aún así, el hombre de Dios debe ser el siervo de todos y no esperar que le sirvan. *Mateo 20:24 – 28*. El Señor, en estas citas bíblicas, lo dice claramente. Es obvio saber que un verdadero cristiano puede tener el cargo más pequeño, pero para Dios es el más grande y Él mismo lo respalda; porque ningún trabajo por muy pequeño que sea es deshonra. *Lea Hechos 6*. En esta cita vemos un ejemplo claro de verdadero servicio inducido por el verdadero Amor de Dios, para así poder servir a los demás, no importando el cargo que se tenga, sino el deseo de agradar a Dios y ser sencillamente humildes. Esto era lo que había demostrado Esteban en aquel entonces, y no renegó de ello; sino que lo tomó con Amor y obediencia, que es lo que hace falta hoy día. La Biblia lo dice textualmente:

"El más pequeño será el más grande, y el más grande será el más pequeño; así mismo, el que quiera ser el primero será el último y el último será el primero".

Otro texto bíblico dice de la siguiente manera:

"El que se humilla será enaltecido, mas el que se enaltece será humillado"

Éstas son formulas divinas irrevocables e inmutables. No esperemos tener cargos grandes o importantes para que los demás nos vean, nos halaguen y nos traten con importancia, porque debemos saber que quién es importante para los demás, para Dios no lo es.

Cuando yo no conocía al Señor, quería ser el más importante; pasando por encima de cualquiera o por encima de los demás, humillando a todo aquel que se atravesara. Estando ahora en el camino del Señor, he comprendido y he aprendido que debemos ser humildes de corazón y no aplastar con nuestras acciones o actos a quienes nos rodean. El mismo Señor, a través de su palabra me enseñó a servir a los demás, no importando su estrato social, su posición económica o espiritual, etc. Sino el servirle con Amor, y sin ninguna clase de interés egoísta y perversa. Debemos servir sin ninguna clase de interés y sin esperar nada a cambio, es decir, no buscando posiciones ni halagos, ni mucho menos fama; que es lo que deteriora la humildad de todo cristiano verdadero, porque debemos saber que Satanás, el diablo, por su vanidad y su orgullo fue arrojado del cielo. ***Ezequiel 28:12 – 19 y Lucas 10:18***.

Dios nos enseña a través de su palabra que el único grande e importante en todo lo que existe es nuestro amado Creador y no hay nadie más, porque Dios no comparte su gloria con nadie. No miremos las cosas que los demás tengan, sino más bien a Cristo Jesús quién es el dueño y Señor de los dones y ministerios, y de toda las cosas creadas por nuestro amado Dios

El verdadero Amor de Dios

Todopoderoso. Debemos saber que el que hace todas las cosas, es decir, todas las señales, los milagros, prodigios, ministraciones, sanidades, etc. Es Dios mismo a través de su Santo Espíritu y no nosotros. Muchos cristianos, hoy día, se han adueñado de estas cosas, y aún así le han robado la gloria a Dios de una manera sutil y disimulada. En el mundo y aún en el mismo pueblo de Dios, existe éste error y todavía lo siguen cometiendo, y es el caso del señorío o de la mayordomía que muchos han mal interpretado y se creen superiores a los demás, no sabiendo que delante de Dios están cometiendo un error que los puede llevar al mismo infierno. La ley de Dios es diferente a la de los hombres, es decir, que las cosas de Dios son inversa; porque el orden de Dios es muy diferente a la del hombre. *Isaías 55:8 y 9*. Si en verdad le vamos a servir a Dios, que sea de corazón y no para que el hombre o el ojo del hombre nos vean, sino para que Dios nos vea y sea Él mismo quién nos enaltezca a su debido tiempo.

"Humillaos delante del Señor, y Él os exaltará."
Santiago 4:10.

Cuando me refiero al servicio, es decir, a servir a los demás, no me refiero a la posición que tenga la persona o el individuo, sino que nos despojemos de toda investidura de poder y nos hagamos menor o más pequeños que los demás, no importando el cargo que tengamos o el grosor o tamaño del ministerio, sino la humildad que tengamos. Recordemos que Jesús, siendo Dios o el Hijo de Dios, se hizo menor a todos; para darnos ejemplo de humildad, servicio y humillación. *Lucas 22:24 – 30 y Filipenses 2:1 – 11*. Por lo tanto, un cocinero cristiano es mayor en el reino de los cielos, así sea que sus hermanos en la congregación casi no lo vean o no lo conozcan; aunque no predique en un pulpito, su obra o labor es muy importante y ésta será recompensada por Dios. El aseador del templo es también importante, ya que su labor es la de mantener limpio el templo donde el poder de Dios se manifiesta o desciende para bendecir a su iglesia. Esta labor pareciera insignificante, pero es igual de importante o más importante que un coro de cristianos ministrando las alabanzas o los cánticos de adoración, porque no hay mejor ministración que limpiar o asear el templo o el tabernáculo del Dios viviente o donde nuestro amado Dios Todopoderosos se manifiesta a su iglesia. Con esto no quiero desacreditar a los músicos, cantores, profetas del Señor, etc. Sino que ellos en el cielo serán los últimos y los últimos serán los primeros, también los que fueron grandes en la tierra, tendrán su recompensa de parte del Señor, por su labor o trabajo realizado o que el Señor le encomendó para su servicio. Dios no nos ha llamado para que peleemos puestos en las congregaciones, ni mucho menos busquemos fama, sino para ir en busca de aquellas almas perdidas y reconciliarlas con Dios a través de su Hijo amado Jesucristo, y no para estar peleando entre nosotros cosas que no convienen y que hacen que los de afuera se confundan más de lo que están, y aún se mofen; no de nosotros sino del evangelio de Cristo. Por estas cosas que están sucediendo, nos convertimos para esas personas sin Cristo, en piedras de tropiezos y le impedimos también que se conviertan a Cristo. Nuestros malos actos o mal testimonio puede ser el impedimento para que las almas inconstantes, que se encuentran en delitos y pecados, se arrepientan de sus pecados y puedan llegar a los pies de Jesucristo. Así que, dejemos de pelear entre nosotros mismos o entre hermanos y unamos nuestras fuerzas para ir en busca de las almas perdidas y arrebatárselas a Satanás de sus garras, pero antes que todo, recordemos que la unión hace la fuerza y que todos somos un solo cuerpo en Cristo Jesús. *Romanos 12:4 y 5*. El servir a los demás no es deshonra, sino obediencia a Dios, es aprender a despojarnos de nuestras propias necesidades y de nuestros propios beneficios, de nuestro propio ego o yo entronado en nuestra vida que no nos deja servir a los demás con toda humildad y sencillez de corazón. Nuestro amado Salvador Jesucristo les enseñó a sus discípulos la importancia del servicio, es decir, la de servir a los demás sin mirar su posición o su rango y no buscando puestos privilegiados, ni mucho menos poder, porque esto es lo que destruye al hombre o al ser humano, principalmente a los siervos de Dios; y los hace más altivos. *Lucas 22:24 – 30*.

Un mesero en un restaurante, un lustrador de botas o de zapatos, el hermano o hermana que lava los baños en una iglesia o templo, etc. Aunque sean los más pequeños, para Dios son grandes y sus obras tienen mayor galardón que los altos cargos. Todo está en el Amor que tengamos disponibles en nuestro corazón para servirle al Señor sin reproches y con toda nuestra alma, con toda nuestra mente y con todo nuestro ser: espíritu, alma y cuerpo. El Señor en su palabra nos enseña la importancia del Amor, y sin este Amor en nuestras vidas no seríamos nada, así lo tengamos todo; ya sean dones, ministerios. Ya sea que prediquemos, pero si no tenemos Amor no somos nada. *1 de Corintios 13:1, 2 y 3*. Debemos saber que en estos momentos, se encuentran en el lugar de tormento, muchos cristianos que lo tenían todo, aparentemente, porque no hubo en ellos lo más importante que es el Amor, el cual es el sello inconfundible de todo cristiano verdadero, y que permite que el cristiano verdadero resplandezca en la oscuridad espiritual y se diferencie de los demás seres humanos sin Dios y sin Amor, porque el verdadero Amor es el que perfecciona a los verdaderos hijos de Dios. El Amor se va perfeccionando en nuestras vidas, si le damos la libertad y el dominio sobre nosotros y sobre nuestras vidas, sin ninguna clase de restricción, hasta que el Amor alcance su perfección en nosotros y sobre nosotros. Así mismo, alcancemos el conocimiento pleno de su Amor; que es nuestra salvación en Cristo nuestro Señor. Todos los que hemos nacido de nuevo, tenemos o debemos tener Amor puro y verdadero. Éste Amor fluye en nuestras vidas, en nuestros corazones y en nuestro ser, y no debemos darle más importancia a los dones, ministerios y a las demás cosas; porque quién debe ocupar siempre el primer lugar y recibir toda la gloria es siempre nuestro amado Señor Jesucristo, porque Él es el dueño, amo y Señor de todos los dones y ministerios que nos ha dado o que le ha delegado a los escogidos. *Efesios 4:8, 9 y 11*. Cuando me refiero de no darle importancia a los dones y ministerios, no quiero dar a entender; ni mucho menos quiero decir que lo descuides o lo descuidemos, no, sino que conservemos nuestra posición normal y altruista delante de los demás como si no tuviéramos nada, es decir, como si no hubiéramos recibido nada de Dios. Debemos valorar los dones y ministerios, y no tergiversarlos, es decir, sacar mal provecho de ellos. Debemos saberlos administrar como buenos mayordomos de Dios; porque debemos saber que Dios nos pedirá cuentas de ellos. *Mateo 25:14 – 30*. Muchos utilizan los dones y ministerios para enseñorearse de los demás, esto no debe ser así, porque el dueño de estas cosas es el Señor y no nosotros. Los dones y ministerios son las herramientas de trabajo que Dios nos ha regalado o mejor dicho, que Dios nos ha prestado mientras que estemos en esta tierra, ministrando su poder divino. Estas cosas que hacemos en el nombre del Señor, son las herramientas de trabajo que el Señor nos ha prestado para ministrar en su nombre, ejerciendo así el trabajo al cual hemos sido llamados y el cual nos ha sido encomendado en esta tierra para así trabajar en su obra o en su viña, la viña del Señor. Pero debemos saber de antemano, que estas cosas no nos asegura la salvación. *Efesios 2:9 y 10*. Esto quiere decir que las obras o las buenas obras no salvan a nadie, sino que fueron creadas para los que les sirven a Dios, para los que están en su camino de salvación, y ayudar así a los que necesitan de Dios. Debemos dar de gracia de lo que recibimos de gracia. *Mateo 10:8*.

Ahora, mirando desde un punto de vista físico y espiritual, vemos que lo más pequeño es más importante que las cosas grandes; es decir que las cosas grandes aparentan ser más importantes que las cosas pequeñas, pero no es así, porque las cosas grandes necesitan más de las cosas pequeñas. Por lo tanto, todo en el universo está perfectamente equilibrado por Dios. El hombre ha estado siempre en un error de posición, es decir, que toman las cosas superficiales y las hacen importantes, por lo cual, no se sumergen o se adentran o profundizan en la realidad espiritual, para poder hallar lo que en verdad es más importante: El Amor de Dios. Sin este no podemos vivir, ni mucho menos servir a los demás sin renegar de nuestra posición, estrato, cualquiera que sea y sin murmurar de los demás. El que en verdad tiene el Amor de Dios en su corazón, sirve a los demás con Amor genuino y se humilla, no importando su rango, clase social, ni mucho menos su posición delante de los demás miembros del cuerpo de Cristo o de los no creyentes. En la Biblia, el Señor se mostró así mismo como siervo y no como servido, humillándose así mismo, dando muestra y ejemplo de total obediencia y de humildad. Cristo nos enseñó, y aún nos enseña a buscar lo pequeño; cosa que es muy difícil, ya que nuestra carne quiere señorío, fama y poder; pero que por causa del Señor debemos negárselo a nuestro ego o yo. Cristo nos enseña a ser humildes y sencillos, con el objetivo de que no perdamos la humildad y la sencillez por la vanagloria de las cosas terrenales y la vanagloria de la vida. No busquemos fama, poder, riquezas, etc. Que puedan deteriorar nuestra relación con nuestro amado Dios y con nuestro semejante. El Señor quiere que busquemos las cosas de arriba, las cosas celestiales y no las terrenales que son pasajeras y que con el tiempo se deterioran. *Mateo 6:19 – 21 y Lucas 12: 32 – 34*.

Debemos ser sencillos y humildes como la paloma, para que no seamos altivos y soberbios con nuestros semejantes, y para que tampoco los tratemos mal, porque sobre todo ser humano gobierna uno más grande y Todo poderoso, y es el único que está por encima de todas las cosas. Dios, al que se humilla lo exalta o lo enaltece, y el que se enaltece Dios lo humilla; por lo tanto, no nos creamos más grandes, especiales y más importantes que los demás, porque el único importante en todo lo que existe es Dios, es decir, nuestro amado Salvador Jesucristo y nadie más. Porque la gloria es únicamente del Señor.

El Señor nos enseña a ser humildes y a servir a los demás, y no a buscar posiciones que más tarde pueda ser un problema físico y/o espiritual. Esa petición de ser grande y de ocupar puestos privilegiados la tuvieron Jacobo y Juan, dos discípulos de Jesús, pero el mismo Señor los reprendió en su Amor y les enseñó a ser humildes y a servirle a los demás. *Marcos 10:35 – 45*. El Amor es más importante que todo don y que todo ministerio, y por eso hemos escuchado testimonios de personas que han ido al lugar de tormento y han visto a hermanos que antes predicaban a grandes multitudes, y hoy están en ese lugar con todos sus dones y ministerios, porque les faltó en sus vidas lo más importante en ellos: el Amor. Porque un hijo de Dios sin Amor no es nada, así sea que tenga todos los dones y ministerios habidos y por haber, pero si no tiene Amor y humildad no sirve de nada; porque todo esto le pertenece a Dios. Un ejemplo bíblico de altivez y arrogancia fue la de Nabucodonosor, que había tenido un sueño, el cual Daniel le había revelado por parte de Dios; pero que luego había olvidado Nabucodonosor. Este al cabo de un año se paseó por su palacio, lanzando una expresión de arrogancia, que luego vino una voz del cielo que le anunciaba su total humillación por parte del mismo Dios, quitándole temporalmente el reino;

hasta que reconociera que sobre él gobernaba uno más grande que él. ***Daniel 4. Léase todo el capítulo***.

A veces miramos los ministerios de los demás y los comparamos con los que Dios nos ha dado y empezamos a renegar de ellos en una forma egocéntrica, egoísta e interesada, dando a entender que van por fama o que buscan fama, reputación, vitrina, publicidad, etc. Todas estas cosas destruyen al hombre o a los verdaderos hijos de Dios como personas y como siervos de Dios genuinos. Estas cosas impiden poner la mirada en aquel que es dueño de todo don, ministerio y toda buena dadiva que viene de nuestro Dios, Jesucristo. A veces tenemos el descaro de decir que Dios no nos ama por el don o regalo y el ministerio que Dios nos ha entregado, pero que no es así. Dios nos da conforme a nuestra capacidad, por lo tanto, vemos que hay hermanos que tienen mayores cargos en las congregaciones o iglesias; por tener más capacidad que otros y no porque sea Dios parcial o algo así por el estilo. Nosotros mismos somos los que mal interpretamos las cosas y las vemos o las tomamos en otro sentido, queriendo medir el Amor de Dios por el espesor y la altura de los dones y ministerios, pero debemos saber que Dios nos ama por igual y con las mismas intenciones; porque Dios no hace acepción de personas. Dios no tiene preferencias con nadie, porque Dios nos trata por igual. Para Dios no hay grandes ni pequeños, hablando física y espiritualmente. Todos somos grandes delante de Dios y en Cristo Jesús, claro está que la culpa de toda inferioridad o de superioridad y de complejos somos nosotros mismos, pero si nos encomendamos a Dios o nos entregamos a Dios de Corazón y buscamos siempre de su presencia; Él nos usará poderosamente, pero si buscamos siempre el reino de Dios y su justicia; y las demás cosas serán añadidas. *Mateo 6:33*. A medida que buscamos de Dios con toda intensidad, aumenta más en nosotros su poder y su santa unción en nosotros y en nuestras vidas. Pero si le buscamos menos, corremos el riesgo de apartarnos o alejarnos de su presencia, y cada día estaremos enfriándonos hasta desanimarnos por falta de oración y de la comunión intima con nuestro amado Dios. Esto nos llevaría hasta la muerte espiritual, y si es caso hasta la muerte física por habernos descuidado, es decir, que podemos perder la vida por causa del desánimo y el pecado. La Biblia dice que Satanás anda como león rugiente buscando a quién devorar.

Amigo y/o hermano, el Amor verdadero no lo podemos hallar en el padre, en la madre, en el hermano de sangre, en la novia o en el novio, en el esposo o esposa, ni en otro lugar; porque el Amor es Dios mismo y en Él lo podemos encontrar y hallar; porque los demás son solamente puentes o canales de bendición que conducen o expresan el Amor de Dios en ellos, hacia los demás y hacia nosotros, es decir, que si en ellos mora Dios y son verdaderos cristianos, ellos podrán amar de verdad; pero si no son cristianos verdaderos y en ellos no mora Dios y su verdadero y

El verdadero Amor de Dios

Gran Amor, y no han nacido de nuevo, no pueden amar; ni mucho menos podrán expresar el Amor de Dios, porque no lo tienen implantado en sus corazones. La Biblia misma, que es la palabra perfecta de Dios, nos enseña y nos enseñará el verdadero Amor que es Dios mismo, es decir, el Dios triuno o las tres divinas personas de la trinidad o triunidad; pero un sólo Dios en nuestro corazón. Estas tres personas son el mismo Dios, pero actuando en tres dimensiones diferentes. La Biblia nos enseñará siempre que sólo existe un sólo Amor y que ese Amor es Dios mismo y no otra cosa, porque el Amor es la manifestación de Dios en nosotros, es decir, el Amor Ágape y el Amor Fraternal de Dios en nuestro corazón y en nuestras vidas como verdaderos hijos de Dios.

¿Existen las diferentes clases de Amor?

El amor de padre o al padre, el amor de madre o a la madre, el amor de hijo o al hijo, el amor de esposos, etc. No existe si se puede decir, porque si vamos a la luz de la palabra, esta no existe o no se encuentra; porque para poder amar es necesario tener a Cristo Jesús en el corazón y además porque Dios es Amor y es el Amor. La Biblia nos habla de un único y verdadero Amor, que es Dios en nuestras vidas y en nuestro corazón. *1 de Juan 4:8*. Por lo tanto, no debemos confundir los sentimientos, las emociones con el verdadero Amor de Dios. Por lo tanto, el Señor mismo nos dice en su palabra que es a Él a quién debemos amar más que a cualquier otra persona o cosa en el mundo y que es Él el que debe ocupar el primer lugar en el corazón del hombre, esto lo dice los siguientes pasajes bíblicos: *Mateo 10:34 – 39 y Lucas 14:25 y 26*. Estas citas bíblicas nos dicen claramente a quién debemos amar más y quién es el único Amor verdadero. Porque cuando dejamos entrar a Dios en el corazón, su Amor toma posesión de él, y ese Amor dentro de nosotros; nos permite amar a los demás y aún así dejarnos amar de quienes nos rodean, porque si no se tiene a Dios en el corazón, es difícil e imposible o se nos puede hacer imposible amar a los demás y aún dejarnos amar. *1 de Juan 4:7, 8, 12, 13, 20 y 21*. Si tomamos el ejemplo de Abraham, nos daremos cuenta con más claridad que el amor de padre no existe, ya que el Amor de Abraham hacia su hijo Isaac era el Amor de Dios en el corazón de Abraham hacia su hijo, y Dios probó ese Amor genuino y verdadero que estaba en Abraham, pidiéndole como sacrificio a su hijo Isaac; el cual Abraham ofreció sin renegar y sin reproches. *Génesis 22, lea todo el capítulo*. Abraham no demostró su Amor hacia su hijo Isaac, sino que desvió la mirada puesta en él hacia Dios, prefiriendo más a Dios que a su propio hijo, esto quiere decir que amó más a Dios que a su propio hijo. Por lo tanto, Dios mismo lo recompensó dándole más hijos, aunque Abraham sabía por su fe que si sacrificaba a Isaac, Dios se lo devolvería vivo o Dios le daría más hijos. Pero aún sin sacrificar a su hijo, Dios le dio por su fe y verdadero Amor a Él, más hijos; es decir, que por su fe ganó muchos hijos más, que son los redimidos por la sangre del Cordero Inmaculado. La descendencia de nuestro Gran Padre celestial y de su hijo amado Jesucristo. Este ejemplo de Abraham e Isaac tipifica el sacrificio de nuestro Padre celestial, al entregar por Amor a nosotros a Jesús, para que muriera por los pecados de la humanidad y así redimirnos del pecado y de la muerte eterna o la condenación eterna. La sustitución de Isaac por un cordero, simboliza la posición que ocupó Cristo por nosotros; la muerte de un justo por los pecadores, para que el sacrificio fuera perfecto y sin mancha alguna, por lo tanto, no busquemos otras definiciones del Amor en otros lugares o en otras partes, porque no lo encontraremos. El único que nos puede amar de verdad es Dios, es Él quién nos ayuda amar de verdad, porque Él es nuestro Amor verdadero y siempre su palabra nos enseñará quién es el Amor, cómo lo podemos hallar, cómo lo podemos conservar y cuidar; porque Dios nos ama con Amor eterno. *Jeremías 31:3*. Con esto no se quiere decir que el padre o los padres no puedan amar a sus hijos o viceversa, no, sino que el Amor que mora en ellos o en nosotros, nos permite amar de verdad y no con Amor fingido, falso o engañoso. *Romanos 12:9 y 10*. Y por esa razón, no podemos hablar de amor familiar, porque si en una familia no reina Dios, es difícil o hasta imposible que haya Amor o se encuentre el Amor o exista el Amor de Dios en ese hogar, porque para que exista Amor; es necesario que sus miembros tengan a Cristo en sus corazones para que pueda reinar la paz, aunque el diablo se levante contra las familias en Cristo Jesús o las familias renovadas por la poderosa sangre de Jesucristo, nuestro amado Señor y Salvador levantará bandera de victoria sobre aquellas familias que perseveren en el Señor hasta el final de los tiempos, porque el Amor salva y perdona toda iniquidad y todo pecado, si nos arrepentimos de corazón. *Proverbios 10:12 y 1 de Pedro 4:8*.

El Amor de Dios es también fuego consumidor

Muchas personas en el mundo, tanto evangélicos, inconversos y otras clases de personas que profesan o practican diferentes religiones, piensan que Dios o el Amor de Dios es siempre misericordioso, pues no, sino que Dios en su Amor único; también reprende, castiga, exhorta, corrige, disciplina, etc. Y no solamente el Amor es para dar y expresar cosas buenas o agradables, sino que también, éste implica obediencia y disciplina. *Hebreos 12:5 – 11.* en estas citas bíblicas vemos o leemos que Dios disciplina al que ama y recibe como a hijo suyo, claro está, siempre y cuando nos portemos bien y hagamos siempre su perfecta voluntad, es decir, que Dios tiene misericordia de aquel que recibe como a hijo. Por lo tanto, el Amor de Dios no es un Amor tonto, hueco o chueco, no es estúpido o bobo y alcahueta, no, sino que el Amor de Dios es obediencia, disciplina, misericordia, santidad, etc. El Amor de Dios no es un Amor tonto o bobo, en el cual muchos en este mundo se aprovechan para tergiversar las cosas en este mundo perdido en sus delitos y pecados. El Señor, en su palabra nos muestra y nos enseña que el Amor es fuego y que nunca se puede apagar ni con todo el diluvio del universo, es decir, que las muchas aguas no podrán apagar ese fuego divino que es nuestro amado Dios, y esto lo podemos ver o leer en el libro de **Cantar de los Cantares capítulo ocho (8) versos 6 y 7.**

El Señor, por Amor a la humanidad, sacrificó a su único Hijo; su Unigénito, para salvarnos de la ira y la destrucción que viene para esta tierra. **Juan 3:16.** Dios es el Amor mismo, es Él quién llena el corazón del alma más abatida por este mundo pecador, es Dios quién con su Amor nos hace nuevas criaturas y llena nuestro corazón destruido y vacío por el mundo, porque el mundo no nos puede dar nada. El Amor de Dios es único y en ningún otro lugar encontraremos este Amor, porque Él sólo nos puede dar de su verdadero Amor, y además, porque Él es Amor eterno y por medio de Él podemos amar a los demás, es decir, a nuestros semejantes; aplicando la filantropía de Dios o de nuestro amado Dios, que es el Amor a la raza humana o al género humano, sin acepción de personas, ya sea por razones de raza, sexo, creencia religiosa, idioma, ideas políticas, filosóficas, etc.

El verdadero Amor de Dios no apoya sinvergüencerías, ni mucho menos tolerará el pecado, porque Dios ama al pecador pero odia y aborrece el pecado. El Amor de Dios es santo, puro, sin manchas, no es superficial, no es estúpido como muchos ingenuos y/o astutos lo tienen, el Amor tampoco es mediocre. Éste es el Amor que los verdaderos adoradores, creyentes originales y genuinos deben predicar y enseñar a este mundo perdido y engañado por el mismo Satanás y sus demonios. El Amor de Dios debe predicarse tal como la Biblia misma lo enseña o nos lo enseña, sin tapujos e hipocresías que a Dios no le agrada, es decir, que Dios no comparte su gloria con nadie; ni mucho menos comparte esas malas interpretaciones que el mismo mundo y aún aquellos falsos cristianos le han dado al verdadero Amor de Dios. Por eso, los verdaderos hijos de Dios deben experimentar el verdadero Amor de Dios en sus corazones y no solamente en la mente, es decir, tenerlo como una vaga ideología o palabra muerta, porque el Amor está vivo y habita en aquellos corazones redimidos por la sangre del cordero inmaculado, el cual es nuestro amado Señor Jesucristo. Muchos hablan del Amor de Dios, pero no lo han experimentado en sus vidas y en sus corazones o almas; muchos predican del Amor de Dios, pero carecen de Él. Sólo hablan por hablar, y no lo demuestran de verdad, sino que tienen el Amor de Dios como una vaga definición teórica; como una simple teoría más, o un mandamiento más de hombre. Debemos saber que el reino de los cielos no consta en palabra sino en poder de Dios. *1 de Corintios 4:20*. El Amor de Dios no se guarda en la mente humana, sino en el corazón que es el verdadero lugar adecuado para el Amor de Dios y nunca debe ser una simple ideología humana, y tampoco debe estar solamente en la mente o en el pensamiento; porque Dios pide del hombre su corazón y nada más. *Proverbios 23:26*. Esta cita bíblica lo dice todo, porque lo que pide Dios de la humanidad es su corazón, es decir, su alma, y no solamente su mente; aunque también debemos entregarnos a Dios de pensamientos, y que estos sean limpios delante de Dios. *Filipenses 4:8 y 9*.

El corazón es el área que le pertenece a Dios, es decir, que es el lugar donde mora el Amor de Dios, su Santo Espíritu de Amor que fue derramado por Jesucristo en nuestros corazones, no olvidando el área de la mente y de los pensamientos. El mismo Señor nos dice en su palabra que lo amemos con todo el corazón, con toda nuestra alma y con toda nuestra mente. *Mateo 22:37*. En esta cita bíblica, el Señor coloca en primer grado o nivel al corazón, ya que éste es el lugar apropiado para el Amor de Dios. La sabiduría de Dios ocupa un lugar apropiado, y este lugar es la mente; mientras que el Amor de Dios ocupa siempre el lugar más sublime del hombre y éste es el corazón y no hay otro mejor lugar. *Proverbios 23:26*.

"La sabiduría es Dios en mi mente, mientras que el Amor es Dios, o mejor dicho, es Cristo Jesús en mi corazón".

Hay un dicho popular que dice: *"Cada cosa en su lugar, y un lugar para cada cosa."* Y así es en lo espiritual, el Amor de Dios debe ocupar siempre el corazón; y no darle ese puesto o ese lugar a más nadie, porque éste es el pódium con un único lugar exclusivo de nuestro amado Dios.

Dios en el corazón del hombre

El corazón del hombre es y debe ser el trono de Dios, es decir, de Jesucristo; donde Él gobierne. También debe ser la morada de nuestro amado Dios. El hombre cuando tiene a Dios en su corazón, puede y debe amar sin restricciones, sin impedimentos y obstáculos. En el corazón de un hombre, esto es en sentido general, que es transformado por el poder de Dios y que ha nacido de nuevo, que tiene el temor de Dios en su corazón; mora el Invisible, el Amoroso, el Santo, el Salvador, y por lo tanto el hombre puede amar a su semejante; así sea que en este mundo nos traten mal, ya sean enemigos, envidiosos, etc. En el verdadero hijo de Dios, no debe existir ni reinar el odio; ni mucho menos el rencor, el resentimiento y la envidia; porque en nosotros habita toda la plenitud de Cristo en nuestros corazones, y por lo tanto, Él a través de nosotros puede amar a quiénes nos rodean. Jesucristo emana de su ser o en su presencia Amor puro y verdadero, así como las flores destilan miel, así como en los panales de las abejas hay miel y brota la miel, así como en las fuentes de agua brota y fluye el precioso líquido de la vida o que sustenta la vida.

El verdadero Amor de Dios

Dios para poder morar en el corazón del hombre, es necesario que el hombre le acepte primero como su salvador personal, es decir, que acepte a Jesucristo en su corazón como su único y soberano Salvador, y que a la vez el hombre se arrepienta de sus delitos y pecados, para que así Dios pueda entrar en el corazón y hacer del hombre su morada permanente, es decir, su templo o tabernáculo de comunión con el hombre.

"Un corazón sin Dios es como pez sin agua, como noches sin luna, ni mucho menos estrellas; un corazón sin Dios es como día nublado y sin sol, porque Dios es lo que llena y alumbra o ilumina todo nuestro ser, porque Dios en nosotros y sobre nosotros es Amor."

Cuando el hombre (el verdadero cristiano) ama de verdad, es porque tiene a Dios en su corazón; pero cuando el hombre no ama de verdad, es porque no tiene a Cristo en su corazón. Es difícil que un pecador ame de verdad a otras personas o a su semejante y que también éste se deje amar, porque una persona sin Dios piensa sólo en el pecado, en la maldad y en hacer daño a sus semejantes. El verdadero hijo de Dios que ama de verdad, es decir, que en él mora el verdadero Amor; ama sin límites, sin barreras ni obstáculos, e intenta siempre ayudar a los demás, así sea que no tenga nada material con que pueda ayudar. Un ejemplo bíblico de Amor desinteresado lo dieron Pedro y Juan cuando subían juntos al templo para orar, y un cojo se les acercó para pedirles limosnas; pero ellos no tenían nada material que darle u ofrecerle. Ellos en su Amor Ágape y Fraternal, le ofrecieron algo mejor que el oro y la plata, es decir, algo mejor que ni el dinero ni las muchas riquezas pueden comprar que es la salvación del alma y la sanidad tanto física como la espiritual. *Hechos 3:1 al 10*. Por ende, los que no tienen a Cristo en su corazón no pueden ofrecer nada, solamente un verdadero hijo de Dios puede darte lo que en el mundo no hay, es decir, puede ayudarte espiritualmente a crecer y desarrollarte en el Señor; porque dice un dicho popular:

"El que a buen árbol se arrima, buena sombra lo cobija."

Y en el mundo hay muchos árboles pero sin hojas, sin ramas y sin raíces; es decir, árboles secos.

El verdadero Amor está libre de todo pecado, de toda pasión mundanal. Éste reina en el corazón del verdadero cristiano que ha nacido de nuevo y que está dispuesto a perdonar toda ofensa y toda falta que nos hayan hecho en cualquier momento de nuestra vida, porque el verdadero cristiano, seguidor de Cristo, tiene que aprender a perdonar y olvidar toda ofensa, todo desaire y toda falta que se nos presente en este mundo convulsionado por el pecado; porque nunca faltaran las humillaciones, las afrentas, los vituperios, las persecuciones, etc. El hombre de Dios que tiene Amor, debe amar sin reproches, sin resentimientos, debe también ayudar a su semejante cuando se encuentre en momentos difíciles, de angustia o en angustias, en calamidades y no darle nunca la espalda cuando necesiten de nuestra ayuda.

La santidad del Amor

Primero que todo, la santidad significa en los términos más sencillos y prácticos, pureza, transparencia, claridad, limpieza, decoro, etc. Debemos saber que el Amor y la santidad van tomadas de la mano; son sinónimos homogéneos, es decir, que pertenecen a un mismo género o que son iguales, por lo tanto, debemos hablar y mencionar al Amor como santidad y a la santidad como Amor; porque ambos representan lo mismo. El Amor es santo, por lo cual éste no tiene defectos ni fallas, porque Dios es perfecto. Debemos ser perfectos como nuestro Padre celestial es perfecto.

El Amor y la santidad son verbos – sustantivos, porque se pueden conjugar en nuestras vidas y en nuestros corazones. Muchos o algunos predicadores conformistas, superficiales, acomodados y que quizás no han nacido de nuevo, predican un amor y una santidad acomodada a su parecer, es decir, un amor y una santidad superficial, sin valor moral alguno en el Señor, y que sólo les conviene a ellos o a esas clases de personas; para sus intereses egoístas. El Amor y la santidad que esos falsos cristianos predican o profesan, es chueca y sin verdadero fruto de arrepentimiento, y por eso, algún día, ellos darán cuenta de sus actos a Dios; sean buenas o sean malas. Por lo tanto, el Amor de Dios es santo y éste a su vez no apoya sinvergüencerías, es decir, que no alcahuetea nada, ni mucho menos es calumniador, porque el Amor de Dios es santo, y también, es fuego consumidor; éste consume el pecado y no permite en Él la corrupción y la inmundicia, porque el Amor es la santidad misma de nuestro amado Dios Todopoderoso. Debemos saber, por la palabra, que para poder ver a Dios algún día, es necesario ser verdaderamente santo y no presentarnos delante de Dios o del Señor de cualquier manera o forma, porque Dios quiere a un pueblo sin mancha ni arrugas. *Efesios 5: 27 y Hebreos 12:14*.

Hablar de Amor y de la santidad en estos tiempos difíciles, es como estar buscando una aguja en un pajar o una moneda en el mar. Aún en la misma iglesia evangélica se ha perdido y se está perdiendo el verdadero significado espiritual del Amor y de la santidad; pero todavía hay iglesias, y son pocas en el mundo que profesan el verdadero Amor de Dios y la verdadera santidad, es decir, que no han perdido estas prácticas fundamentales o su identidad por el pasar del tiempo, y siguen conservando su estructura añeja de una verdadera doctrina fundada sobre la roca inconmovible que es Cristo Jesús; es decir, que no han dejado entrar a sus atrios las cosas o costumbres del mundo, que son las que deterioran o fermentan el verdadero vino de una doctrina santa y pura en el Señor. Pero la juventud cristiana de hoy, se está levantando sin ninguna clase de fundamento bíblico, es decir, que nace en el evangelio por tradición, o porque como sus padres son evangélicos; ellos también lo tienen que ser. Esto no debe ser así, por lo tanto, vemos muchas iglesias liberales o mejor dicho libertinas, mezclando cosas y costumbres paganas o mundanas con prácticas netamente cristianas. Los nuevos cristianos deben fundamentarse en la palabra, es decir, en la Biblia; escudriñando cada día y buscando la verdad, para así volver a la senda antigua y procurar sacar al mundo de aquellas iglesias en la cual ha entrado o han dejado entrar aquellas practicas o costumbres anticristianas. Los pocos cristianos verdaderos que hay en el mundo deben orar por estas cosas y no criticar a nadie, porque Dios no nos ha llamado para que critiquemos a nadie; ni juzguemos a nadie, sino para que oremos por aquellos que están débiles en la fe, aunque ellos piensen que están bien y que hacen lo correcto. Todo cristiano verdadero debe ser evangélico de corazón y no de oficio o por tradición, es decir, como sus padres son evangélicos él también lo es; o si no, lo es a la fuerza, y esto tampoco es así o debe ser así. Porque el evangelio es poder de Dios y salvación para todo aquel que se arrepiente de corazón y cree de corazón que Jesús fue levantado de entre los muertos, porque debemos saber que nadie se salva simplemente por ser evangélico, no, sino con hacer su santa voluntad, ser santo como Él es santo y guardarse para el Señor, y lo más importante: Tener el verdadero Amor de Dios. Porque una persona cuando ama de verdad, se guarda para Dios e intenta a gradar a Dios, es decir, hacer todo lo bueno y procurar de que no tenga una mala impresión de nuestros actos, actitudes con "C" y aptitudes con "P", es decir, que siempre le agrademos en todo. La santidad es la insignia del verdadero creyente cristiano, que nos diferencia de los demás o nos hace diferentes a los demás o de los de afuera que no conocen de Dios o de Cristo y que nos hace a la vez especiales y únicos en el Señor. ***Deuteronomio 7:6, 14:2, 26:18 y 19, 1 de Pedro 2:9 y 10***.

La santidad en el Señor es lo más importante para poder ministrar las cosas del Señor, y no de cualquier manera, forma o de cualquier condición en que nos encontremos, porque esto es lo que vamos a ministrar. Yo he visto a muchas personas ministrar de cualquier forma, es decir, que su condición es incorrecta y aún así ministran, otras se visten como sea, es decir, vulgarmente o indecorosamente y así también ministran; no guardando el respeto que Dios se merece. Un sacerdote de Dios no ministra de cualquier manera y debe ser santo hasta en la manera de vestir, para poder ministrar en las cosas del Señor. *Éxodo 28, lea todo el capítulo*. Dios en su palabra era muy exigente en la manera de cómo debía vestir un sacerdote y esto aún no ha pasado de moda y nunca pasará de moda porque Dios sigue siendo el mismo y también sigue siendo santo. Aún así Dios se merece el mayor respeto y reverencia a la hora de ministrar en una iglesia o en cualquier lugar en donde establezcamos un altar para Dios y ministrar así su gran poder. Por ejemplo: Cuando una persona va a visitar a alguien supremamente importante, es decir, a una eminencia o si es el caso al presidente o cualquier otra persona importante en el mundo, buscamos lo mejor para colocárnoslos, y así poder agradar e impresionar a esa persona y poder obtener lo que buscamos o lo que nos van a dar como premio, incentivo, regalo, etc. Pero para ello, debemos dar una buena impresión o una buena imagen de lo que en verdad somos. Así debemos ser en el Señor, dándole lo mejor de nosotros, y no presentarnos delante de Él de cualquier manera o forma; porque es al Dios del cielo y de la tierra, al creador del universo, al Rey de reyes y Señor de señores que vamos a presentarnos y a darle lo mejor; porque Él se merece lo mejor y porque de Él es la gloria, la honra, la hermosura y el poder por todos los siglos de los siglos. No solamente debemos presentarnos bien delante de los hombres que son nada, porque Dios es más importante que cualquier ser humano en la tierra.

Un hombre o una mujer, cuando están enamorados intentan agradarse el uno al otro, es decir, que la mujer se pone o coloca lo mejor para impresionar a su amado, echándose la mejor colonia o el mejor perfume y viceversa; porque si queremos agradar a alguien, es necesario hacer estas cosas y más cuando se ama de verdad, porque en el verdadero Amor de Dios está la verdadera santidad o la verdadera santificación en el Señor. Por lo cual, el evangelio no significa inmunidad en el Señor, sino poder de Dios para proclamar las buenas nuevas de salvación y dar ejemplo de verdadera conducta y santidad a los de afuera, a los que no conocen el verdadero Amor de Dios y andan errantes buscando paz y Amor que el mundo no les puede dar u ofrecer. El evangelio significa también, aceptar la salvación, las leyes bíblicas que nuestro amado Dios nos ha dado y la verdadera santificación de nuestras almas o de todo nuestro ser: espíritu, alma y cuerpo. Todo aquel que está en el evangelio no está exento del pecado, porque el evangelio es tomar o aceptar una verdad y alejarnos o apartarnos del mal, buscando siempre el bien; tanto el propio como el común, es decir, el bien de los demás, no importando si a nosotros nos hacen bien, porque está escrito en la Biblia que no paguemos mal por mal, sino que paguemos bien en vez de hacer el mal. ***Romanos 12:17***.

El verdadero Amor de Dios

El evangelio es santo, por lo tanto, procuremos no tergiversarlo o deteriorar su verdadero significado espiritual y su contenido puro y verdadero como muchos lo tienen hoy día. Muchos hoy en día, viven un evangelio mediocre y que muchas veces causa tristeza, y otras veces causa mucho coraje al ver la santa doctrina de Cristo tergiversada y mezcladas con costumbres mundanales. El mismo Señor Jesucristo, a través de su poderosa palabra de Amor, nos advirtió de estas cosas. *1 de Pedro 2, lea todo el capítulo y Judas 3 – 13*. El que ama de verdad, procura alejarse de aquellos que están viviendo una doble vida o una vida desordenada en el Señor, pero debemos estar orando por los que están viviendo mal; y no debemos estar renegando o murmurando de ellos o de aquellos que están viviendo así, ni mucho menos debemos condenarlos, porque ellos necesitan de Dios y no solamente nosotros. Dios no hace acepción de personas. *2 de Tesalonicenses 3:6 y 11*. El Amor es la santidad de Dios, es decir, que el Amor y la santidad son en el Señor lo mismo; o sea que es una persona o mejor dicho un solo Dios que actúa en tres personalidades o dimensiones que son: Dios Padre, Jehová, Dios Hijo, Jesucristo, y Dios Espíritu Santo; que es nuestro amado Consolador. Este Amor actúa así, en tres personas pero un mismo Dios. No debemos dejarnos engañar, ni mucho menos confundir por nada y por nadie, porque el mismo Dios nos revelará siempre a través de su Santo Espíritu, su verdadero

Amor y siempre estaremos seguros y confiados en Dios.

El Amor de Dios es más importante que los dones y ministerios que son herramientas que nuestro amado Dios nos ha dado para poder ministrar en su nombre; pero si tenemos dones y ministerios, y no tenemos Amor ni mucho menos santidad, de qué nos sirve tener estas cosas, sabiendo de antemano que todo esto lo da Dios a quién Él quiere, y aún así, Él es el dueño de todo don y de todo ministerio; y por estas cosas no vamos al cielo, ni mucho menos tenemos el reino de los cielos ganado. El Amor de Dios o Dios-Amor no se pueden comparar con cualquier cosa, ni mucho menos con todo el oro del mundo. Tampoco son las pasiones y los deseos de la carne, porque el Amor de Dios es santo, cristalino, transparente, sin defectos, no es calumniador, no apoya sinvergüencerías, no es alcahueta de nada, no es inmundo, no es depravado; porque Dios es infinitamente santo y perfecto. Por Amor fuimos creados y tenemos existencia, por Amor fueron constituidos los cielos y la tierra, el mar y todo ser viviente. Por Amor, el Señor Jesucristo, nuestro amado salvador, dio su vida en propiciación o en rescate de nuestras almas y por nuestros pecados. Por Amor vivimos en su completa misericordia, por lo tanto, no debemos aprovecharnos de esa maravillosa oportunidad que Dios, en su infinito Amor, nos ha dado o nos ha regalado. El Señor Jesús es el Amor que debe habitar y reinar en nuestro corazón, por lo tanto, nuestro corazón debe ser el trono más sublime de nuestro amado Salvador Jesucristo. Si en el mundo existiera este Amor, no habría guerras, conflictos y tantas cosas que tienen al mundo convulsionando de dolor. Todo nuestro corazón debe ser siempre para Él, y no darle ese privilegio a otras cosas que no convienen, porque nuestro corazón debe ser el altar sublime; el lugar ideal y el trono celestial implantado en nuestro corazón, para que el Señor tome completa posesión de nuestras vidas como verdaderos cristianos que somos y no impedirle el acceso o la entrada en nuestro corazón, porque es la casa o el tabernáculo de nuestro amado Dios y donde mora permanentemente Dios. *1 de Corintios 3:16 y 17 y 1 de Corintios 6:19,20*. Nuestro corazón es también el pódium de nuestro amado Dios, en donde siempre debe ocupar el primer lugar o el primer puesto, es decir, en donde debemos colocar a Cristo siempre de primero y a nadie más, ya que este pódium tiene solamente un único lugar para nuestro amado Dios, y por eso no hay más lugar; ni más espacio para tanta gente y para tantas cosas que no caben en el corazón de un verdadero hijo de Dios, porque Dios pide para Él nuestro corazón.

"Dame, hijo mío, tu corazón, y miren tus ojos por mis caminos."

Proverbios 23:26.

No dejemos que las cosas del mundo nos afecten o hagan mella en nuestras vidas como cristianos verdaderos que somos, sino que analicemos las cosas buenas y desechemos las cosas malas que nos pueden hacer mucho daño o que nos pueden destruir, porque debemos recordar que el maligno anda como león rugiente buscando a quién devorar, y el que esté mal parado en el Señor, el maligno se lo lleva por delante. *1 de Pedro 5:8 y 9*.

El Amor y la santidad son inseparables, por lo tanto, el que en verdad ama y se guarda para Dios, es santo como el Señor es santo, pero el que no ama; ni mucho menos se guarda para Dios o no hay en él o ella santidad, nunca verá al Señor.

"Seguid la paz con todos, y la santidad, sin la cual nadie verá al Señor."

Hebreos 12:14.

El Amor no tiene géneros

El género es lo que clasifica a las cosas y a los seres vivos o diferentes especies, pero en el Amor o para el Amor no hay géneros o clasificaciones, porque el Amor es uno solo y se llama Jesús de Nazaret, es decir, el Dios hecho hombre o el Dios humanado. El Amor no tiene géneros, no es parcial, no tiene preferencias por el género humano o por el sexo, porque Dios ama al hombre por igual, es decir, al ser humano en general, varón y hembra, y no mira apariencias ni mucho menos es parcialista, sino que este Amor es justo, santo, misericordioso, perfecto, …, etc. El amar a una persona o a un ser humano, no implica siempre relaciones maritales o conyugales, pasiones o deseos, sino una relación espiritual con Dios. Es tener a Cristo en el corazón, para así poder amar a nuestros semejantes, sin parcialidades, preferencias, conveniencias, etc. Pero el Amor de Dios es semejante al amor conyugal o marital, es decir, que éste es también de total entrega y dedicación. La iglesia tipifica a la mujer; cuyo esposo es Cristo, que murió y resucitó por su amada que es la iglesia. El Amor de Dios es inalterable, inmutable, incomparable, incondicional y no tiene preferencias por nada y por nadie, es decir, que Dios no hace acepción de sexos, porque para Dios todos los seres humanos somos iguales. *Gálatas 3:28 y Colosenses 3:11*. El amor no son las pasiones o los deseos naturales creados por Dios para los hombres, ni mucho menos las pasiones y deseos desordenados que batallan contra nuestra carne o con nuestro ser, y que a veces nos hacen caer y cometer muchos errores. El Amor de Dios está plasmado en el universo en pequeñas proporciones la cual podemos contemplar en nuestro diario vivir, y estas maravillas que podemos contemplar es una pequeñísima prueba de su infinito e inmenso Amor y de su hermosura incomparable. Las pasiones son sólo expresiones naturales entre un hombre y una mujer, es decir, expresiones exclusivas y especiales entre un hombre y una mujer que estén casados delante de Dios y aún delante de los hombres o las autoridades humanas. Esto es referente al área conyugal o marital. Las pasiones, según ya sabemos, se clasifican en conyugales, pasiones desordenadas, que son las que van en contra de la ley de Dios o su palabra, las de bienes terrenales, etc. El Amor y las pasiones son dos cosas muy diferentes que podrán tener alguna clase de relación, pero nunca serán iguales; porque Dios es el Eterno Amor y no las pasiones y los deseos humanos. El Amor no tiene géneros, pero sí puede estar en los diferentes géneros, es decir, que habita en los hombres y mujeres de Dios o que en verdad tienen a Cristo en sus vidas y en sus corazones, y que lo han dejado reinar dentro de ellos. La Biblia dice que todo aquel que ama es porque ha conocido a Dios o a su verdadero Amor, y para ello es necesario un verdadero encuentro personal con Jesucristo, haber nacido de nuevo, haber tenido un verdadero arrepentimiento y tener una vida de oración y de búsqueda de su presencia. *1 de Juan 4:7 y 8*. Para entender este Amor único y verdadero hay que haber nacido de nuevo, para así conocer y experimentar el Amor de Dios en nuestras vidas y en nuestros corazones. De esa manera podemos saber cuál es el amor pasajero y cuál es el verdadero Amor, porque el Amor de Dios es mayúsculo y no minúsculo, es decir, que el Amor de Dios es grande y maravilloso; mientras que el amor del mundo es falso y engañoso. El Amor no es una posición, ni mucho menos es una posesión ni cosa alguna, sino que el Amor es una persona en nosotros y esa persona es la persona de Cristo. Él es el que domina o debe dominar nuestras vidas, porque ya nosotros no nos pertenecemos a nosotros mismos, por lo tanto, Dios es el verdadero Amor en nuestras vidas, en nuestro ser y en nuestro corazón.

¿Cómo podemos conseguir o encontrar este Amor verdadero?, ¿cómo podemos perfeccionarlo en nosotros?, ¿cómo podemos ponerlo en práctica y evitar que el Amor de Dios se desvanezca de nuestras vidas?

La única manera de encontrar, conseguir, buscar, hallar, cuidar, y hacer que crezca cada día este Amor genuino y verdadero es orando constantemente; sin desmayar. Velando en todo tiempo y en todo momento. De esta manera pondrá Dios en nosotros el querer como el hacer, es decir, que nos moverá a misericordia y amaremos de verdad, sin darnos cuenta, a nuestros semejantes; sin hacer acepción de personas, sin mirar los detalles, los gestos, los desprecios, los malos tratos que nos hagan en esta vida; las calumnias, etc. Porque en ese momento, el Amor de Dios estará en nosotros, por lo cual estaremos amando hasta nuestros propios enemigos, sin importar lo que nos hayan hecho en esta vida, ya sea en el pasado o en el presente, ya sea bueno o malo, grave o muy grave. En esos momentos, Dios habrá tomado el debido control y dominio de nuestras vidas, y no solamente eso, sino que también se habrá apoderado de nosotros; si le damos libertad y le entregamos nuestra voluntad a Él para que nos guíe siempre. Porque Dios nos enseña diariamente a amar de verdad, pero nosotros a veces rechazamos sus enseñanzas de Amor y nos armamos de piedras, palos, machetes, lanzas, etc. Y no entendimos aquella frase filantrópica de nuestro amado Salvador Jesucristo que dice:

"Amaos los unos a los otros como yo los he amado"

Pero hoy día no es así, sino que lo hemos mal interpretado; cambiando la frase de nuestro amado Señor por: ***"Armaos los unos contra los otros"***, y esta frase no es la que el Señor Jesús nos enseñó. Solamente una letra cambió el verdadero significado de la expresión, y esa letra es la "R" y que quizás en otros idiomas o países sea otra letra. Esto es lo que Dios no quiere de esta humanidad, es decir, sus guerras, conflictos, sus luchas, rencores, sus odios hacia su semejante y muchas cosas más que el enemigo número uno de Dios ha sembrado en este mundo lleno de delitos y pecados; no dejando que el mundo reaccione o que esta tome conciencia de sus actos. Y por eso, en este mundo no existe la verdadera filantropía de Dios, es decir, el verdadero Amor a la raza humana. Solamente un pequeño remanente fiel y verdadero, lavado con la sangre de Cristo, es el que posee el verdadero Amor de Dios; la filantropía de Cristo Jesús, que sólo los verdaderos hijos de Dios tienen y que representan en este mundo insensible a los **"Buenos samaritanos"** que han dejado atrás sus diferencias o indiferencias, para ayudar a aquellos que necesitan de su verdadera ayuda y servicios, no importando su condición, su raza, posición social, religión, idioma o nacionalidad, defectos físicos, etc. Sino que conmovidos por el Amor genuino y único de Dios, corren con diligencia en ayuda de su prójimo o semejante, dándole incondicionalmente su ayuda y protección.

El Amor de Dios en los verdaderos hijos de Dios, debe ser un poderoso imán que atraiga toda alma sedienta de ese Amor puro y verdadero, que sólo los Hijos de

Dios tienen y pueden ofrecer sin ninguna condición a aquellos que no lo tienen y que tampoco lo pueden experimentar en sus vidas y en sus corazones. Por eso, la Biblia es clara y enfática acerca del Amor genuino y original de Dios, porque esta es la fuente de información del verdadero Amor de Dios y de las condiciones originales para hallar ese gran Amor genuino de nuestro amado Dios Todopoderoso. Cristo es la fuente inagotable de ese Amor puro, santo, virgen, poderoso, omnisciente, omnipresente, omnisapiente de todo el universo; de toda la creación y de toda cosa existente, ya sean visibles e invisibles; aún así de las cosas que no existen. Porque el Amor de Dios es como un arbolito, como una flor, como una semilla que debemos regar constantemente, es decir, todos los días con el agua de nuestras lágrimas, con nuestras oraciones; para que esta crezca sanamente y no se deteriore o se desvanezca de nosotros por falta de cuidado, y pueda en nosotros dar buenas hojas, flores y frutos que alimenten a los que nos rodean. También para que nuestra relación con Dios crezca cada día y los pétalos de su Amor no se marchiten y sus hojas no se sequen y su fruto no se dañe o muera, para que estos puedan producir en otros los buenos resultados de arrepentimiento, las buenas relaciones con Dios, el buen testimonio; y aún así produzca buena sombra al fatigado y cansado, y se cumpla en nosotros aquel dicho popular o refrán que dice: "***Al que buen árbol se arrima, buena sombra lo cobija***", y Dios mismo nos llama también a través de su palabra árboles, a los que en verdad son fieles a su palabra y a su verdadero Amor. *Isaías 61:3, Proverbios 11:30 y Mateo 7:17*. Siempre seremos árboles frondosos, llenos de muchas hojas, flores y de frutos; siempre y cuando busquemos la presencia de Dios en oración, ayunos, etc. Para que su Amor crezca cada día y se perfeccione en nosotros y en nuestras vidas, y nunca se apague o se desvanezca de nuestras vidas y de nuestros corazones. No solamente el Amor hay que regarlo, sino que también hay que abonarlo cuando el terreno le hace mucha falta los nutrientes, porque la falta de nutrientes impide el crecimiento del verdadero Amor de Dios, y ese abono es su Santa Palabra, que es la encargada de quitar la maleza y aquellos bichos o plagas que destruyen y enferman el Amor de Dios en el cristiano verdadero. La Biblia dice que lo que deteriora el Amor de Dios en el cristiano verdadero, es la maldad. El mismo Señor Jesucristo se los manifestó a sus discípulos en *Mateo 24 versos 12*, pero Dios también da una voz de aliento a los que todavía perseveran en ese Amor original y genuino de nuestro amado Dios Todopoderoso. Esto lo podemos ver en Mateo 13, aquellos que no han descuidado el verdadero Amor y la verdadera santidad de Dios, serán salvos de la condenación eterna y aún de la gran tribulación.

Una persona para poder amar, debe haber conocido el verdadero Amor de Dios, y aún más debe estar lleno del Amor de Dios. Debe estar constantemente en su presencia, orando, ayunando, vigilando y escudriñando constantemente o leyendo su Santas Escrituras: La Biblia. Este Amor sino se cuida, se puede perder y la persona o el individuo volverá a caer en el mismo ciclo vicioso del desamor, la intolerancia, la apatía, la amargura, el ocio, la soledad interior, el desosiego,…, etc. Y muchas cosas más que destruye el estado de ánimo o espiritual de un cristiano verdadero. Dice la Biblia en Romanos capítulo ocho (8), que debemos vivir bajo el Espíritu de Dios, y no bajo los deseos de la carne que producen muerte, pero muerte espiritual, mientras que 1 de Corintios 2:13, dice que debemos acomodar lo espiritual a lo espiritual, porque esto es lo que produce vida; pero vida eterna en Jesucristo, mientras que la carne o las cosas de la carne produce muerte. Además, lo carnal se acomoda a lo carnal y nunca el Espíritu y la carne están de acuerdo, es decir, que la carne y Espíritu son como el agua y el aceite: no se pueden mezclar, ni mucho menos unir o diluirse en uno.

El Amor es un ser espiritual que produce vida, paz, gozo, santidad, etc. Por lo tanto, debemos cuidarlo, alimentarlo cada día con oración, ayunos, ruegos, vigilias, etc. Buscando cada día el rostro o la presencia del Señor. Si nosotros no buscamos estas cosas que producen vida espiritual, nuestro Amor que es Jesucristo en nosotros y en nuestro corazón, corre el peligro de desaparecer de nosotros, de nuestras vidas y de nuestros corazones. Y por haber perdido el Amor de Dios en nosotros, si llega a suceder, volveremos a caer en el estado original y natural del hombre de pecado, y nuestro postrer estado será peor que el primero. *Mateo 12:43 – 45*. Por lo tanto, el Amor de Dios es más importante que todos los dones, los ministerios; y cualquier cosa en el mundo, porque lo que Dios quiere es que en nosotros haya Amor. Dios quiere que el ser humano, esté lleno y sea lleno de su Amor y no solamente de dones, ministerios, etc. Esto, principalmente, debe darse en los verdaderos cristianos y no permitir que estas cosas le roben la gloria a Dios, porque desafortunadamente muchos cristianos han perdido humildad y sencillez de corazón por estas cosas, que al final y al cabo son pasajeras; pero el Amor de Dios es lo que perdura, es eterno y permanece para siempre, y nunca se agota. Así que no nos afanemos por tener u obtener aquellas cosas que anhelamos tener, porque lo que Dios quiere de nosotros es que tengamos Amor y estemos llenos de Él, de su santidad; y no de tantas arandelas que nos puedan llevar a la perdición o condenación eterna, y esta verdad la encontramos en *Mateo 7:21 - 23*.

El mismo Señor Jesucristo dijo que Dios busca adoradores que le adoren en espíritu y en verdad. *Juan 4:23 y 24*. Dios no busca gente o gentuza con ministerios, sino verdaderos adoradores, verdaderos cristianos abnegados del mundo para servirle a Cristo, es decir, cristianos verdaderos que lo dejen todo por la causa de Cristo; cristianos que no busquen fama, sino almas para Cristo, y que prediquen a tiempo y fuera de tiempo el verdadero Amor de Dios, de la verdadera santidad, del arrepentimiento; para que las almas se arrepientan verdaderamente de sus pecados, de sus maldades y despierten a la luz de Cristo, nuestro señor y Salvador, Rey de gloria y de la gloria por todos los siglos de los siglos, Amén.

Amigo y/o hermano en la fe de Cristo, éste libro o esta obra es para hacerte entender, cuál es el verdadero Amor de Dios, su santidad y su voluntad en nosotros; a demás, para que no te dejes engañar por los de afuera o por los que están en las congregaciones, es decir, aquellos falsos profetas que andan enseñando falsas doctrinas de error, confundiendo a muchos y apartándolos o alejándolos de la verdad, porque la misma Biblia lo dice, que se levantaran falsos cristos y falsos profetas dentro de la misma grey del Señor, es decir, dentro de las mismas iglesias o congregaciones, que negaran aún a Cristo con sus actos y acciones, negando de igual manera el verdadero Amor de Dios. Por lo tanto, te invito a que leas la misma palabra de Dios, que es el atalaya que te alerta de estas cosas que vienen o que ya están en acción en este mundo lleno de delitos y pecados. Esta también te alertará contra esas clases de personas que están camufladas dentro de las congregaciones como mansas palomas y tiernos corderitos, pero que en su interior son lobos rapaces, leones hambrientos que buscan a quien devorar, tiburones y pirañas que esperan que te descuides o nos descuidemos para destruirnos física y espiritualmente con sus acciones, desprecios y arrogancias.

Amigo y/o hermano, el Amor de Dios se va perfeccionando cada día en nosotros, es decir, que vamos creciendo en el Amor de Dios, a medida que le buscamos de corazón. El Amor absoluto de Dios, no se ha perfeccionado completamente en nuestras vidas, sino que éste va creciendo a medida que le buscamos en oración, ayunos, vigilias; es decir, que nos debemos sumergir en los ríos de su presencia, de su Santo Espíritu de Amor, para así crecer cada día en perfecta santidad y en su perfecto Amor inconfundible e incondicional, por lo tanto, te digo, amado lector; que si ves una mala acción en una persona, ya sea cristiana o no, te recomiendo que no la juzgues; ni mucho menos la pisotees con tus comentarios imprudentes o críticas destructivas. Sino que con Amor de Dios ores por ellos, y así nacerá el sol de justicia en tu corazón y serás para esas personas como el suave algodón en la llaga o herida. Tampoco te dejes llevar por lo que te digan o veas, sino que uses las armas espirituales para defender tu vida y la vida del que está siendo atacado por el enemigo, porque Dios no nos llamó para que juzguemos a nadie; sino para que oremos por los que están en errores, problemas o dificultades. Si ves estas cosas, no pongas la mirada en ellos o en el hombre, sino que mires a Cristo y sigas tú el camino de la salvación y no te desanimes. **¡Adelante con Cristo!** Porque Jesús es el único verdadero Amor, el perfecto

Amor y eterno, por lo tanto te insto que le sigas a Él y no al hombre, porque éste es una vasija de barro que puede contener lo bueno o lo malo, ya sea el Amor verdadero o el odio; y que también puede usar Dios para bendecir a muchos o pocos, sean buenos o sean malos, sean conocidos o desconocidos, etc. Pero si esa vasija envejece y se rompe, es porque nadie en este mundo es perfecto y necesitamos diariamente renovarnos del Amor genuino, perfecto y original de nuestro amado Dios Todopoderoso.

Amigo y/o hermano en Cristo Jesús, en esta vida llena de tantos delitos y pecados, hay que preferir el Amor de Dios en nuestras vidas y en nuestros corazones, y no los placeres que este mundo nos ofrece para destruirnos. No debemos hacer caso a esas cosas que Satán a puesto en el corazón de aquellos que no conocen la verdadera filantropía de Dios, y que se han dejado arrastrar por el maligno y sus mentiras y engaños que solamente los lleva a la perdición eterna; esto es el infierno. Por lo tanto, El verdadero Amor en los verdaderos cristianos les permite amar de verdad a sus semejantes, incluyendo a los peores enemigos, si es que los tienen, porque todo cristiano tendrá un enemigo, oculto o inoculto, por parte del maligno; aunque él es nuestro peor enemigo acérrimo de nuestras vidas como cristianos e hijos de Dios que somos. En esta vida se nos hace casi siempre, o siempre se nos hace difícil amar a nuestros enemigos y en ocasiones hasta imposible, pero en el Señor no debe ser así, porque es necesario amar para alcanzar la vida eterna; olvidando los rencores del ayer o del pasado, y saber perdonar a nuestros semejantes o nuestros ofensores; así sea difícil o imposible, porque el verdadero Amor perdona todas las ofensas y olvida todo mal hecho o todo agravio. El verdadero cristiano, hijo de Dios, es el que sabe amar de verdad sin condiciones, restricciones, obstáculos, etc. Y aún sabe lo más importante que es: Olvidar toda ofensa o afrenta hecha por el enemigo, es decir olvidar todo agravio que nos hayan hecho, por muy grave que éstos sean o nos parezcan.

Amigo y/o hermano, el Amor de Dios es más importante que todos los dones y ministerios que podamos tener, pero si no tenemos Amor, nada, completamente nada somos, y aún sin éste Amor nos podríamos ir o nos podemos ir al infierno con todos los dones y ministerios que tengamos, porque sépase que en el infierno; o mejor dicho, en estos momentos hay muchos de ellos, es decir, de religiosos; aun evangélicos llorando y lamentándose por no haber tenido o profesado el verdadero Amor de Dios, su verdadera santidad y su verdadera voluntad.

El Amor de Dios: El elixir de la eterna juventud

Hoy día, muchas personas le temen a la vejez, pero es imposible evitarla. La vejez es una imperfección causada u ocasionada por el pecado producido por la desobediencia de nuestros primeros padres: Adán y Eva.

Nadie quiere envejecer o ponerse viejo, pero es una realidad irrevocable, irrelevante, irreversible, que no tiene solución; porque en esta vida no somos eternos, y tenemos o debemos desgastarnos físicamente, aunque espiritualmente nos vamos renovando en el señor diariamente, pero esto se da con los verdaderos hijos de Dios. *2 de Corintios 4:16; Colosenses 3:10; Salmos 103:5 e Isaías 40:29, 30 y 31*.

Los seres humanos le temen a la vejes, pero esto se ve más en las mujeres; es decir, que en ellas se ve más la preocupación de la vejes que en los mismos hombres, por que el hombre casi no le presta atención a estas cosas o que estas cosas no le afectan para nada, y aun más si somos cristianos verdaderos e hijos de Dios. En la mujer cristiana, es decir, "las verdaderas hijas de

Dios", no debe existir esto; porque están lavadas y limpiadas por la sangre de Cristo, por lo tanto, no debe haber en ellas o no debe existir la vanidad; no queriendo incurrir en que la mujer debe ser descuidada en sus cosas. Por lo general, todas las mujeres por muy sencilla que sea, tiende a ser vanidosa. En este capítulo se está hablando de las mujeres exuberantes en toda su forma de andar, y no debe imitar las cosas que las mujeres que no tienen a Cristo o no tienen temor de Dios, practican.

Para aquellos que no conocen el verdadero Amor de Dios y tienen estos temores en sus vidas, yo les presento ese remedio muy especial, el elixir de la eterna juventud y se llama Cristo, el verdadero Amor que nos hace eternamente jóvenes y que nos renueva cada día con su Amor eterno, esto es claro, está en el ámbito espiritual, es la gran verdad que te presento hoy y no hay otra. Jesucristo es el Amor que nunca envejece, que nunca se deteriora y que cada día que pasa nos va rejuveneciendo y renovando en el espíritu más y más como el águila que levanta el vuelo por encima de las montañas y montes, mostrando e imponiendo sus alas acariciadas por el viento. Es el verdadero Amor de Dios que nos renueva cada día y no los métodos y las creencias humanas.

He tenido la oportunidad de conocer a personas, o mejor dicho, a hermanos en la fe de Cristo que irradian como el sol, y aun como las estrellas por las noches, y su apariencia sigue intacta, casi igual como si el tiempo y los años no le pasaran; pero es que en ellos mora el Amor genuino y original de Dios, es la santidad fina y verdadera que los hace puros, como el cristal más puro y transparente, en este caso el diamante. Aun, Dios mismo en su palabra nos compara como al oro que debemos ser refinados por el fuego, para poder Dios quitar de nosotros aquellas escorias del pecado y hacernos aptos para Él, es decir, que a través del fuego de su Amor nos purifica, nos santifica y nos esteriliza para luego usarnos como a vaso de honra. *Isaías 13:12; Proverbios 25:4; 2 de Timoteo 2: del 19 - 21 y Job 23:10*. Un ejemplo de esa transformación divina de Dios en el hombre, de renovación o rejuvenecimiento, es la de un profesor de sociales y de relaciones humanas que tuve cuando estudiaba en la primaria y en la secundaria o el bachillerato, que antes no conocía de Dios, pero era distinguido; aunque todavía lo es, y aún más estando ahora en el Señor y en su camino de salvación, un varón que cuando no conocía al Señor; se distinguía por sus buenos modales, su buen caminar, etc. Pero aún así, sin Cristo no era nada. Un día conoció al verdadero Amor de Dios y hoy por hoy es una persona rejuvenecida por Dios y su Amor verdadero. Lo que me sorprende de él o lo que me llama mucho la atención es su edad, que después de tantos años siga casi igual que en los años en que le había conocido, siendo yo alumno en su clase. Este profesor, que hoy en día está convertido al evangelio y que a su edad siga casi siendo la misma persona, y casi sin arrugas en su apariencia física; porque muchos en esta vida, ocultan su verdadera edad, inventando una edad falsa. Las arrugas y otras cosas más, jamás podrán ocultarse. En el caso de mi antiguo profesor, es diferente, porque a él cuando le preguntaron qué cuántos años tenía; respondió sin vacilar y con toda sinceridad que tenía tantos años, que para mí no parecía tener esa edad; sino menos de la que tenía. Al profesor no le dio pena o vergüenza decir su verdadera edad, aunque en este mundo hay muchos mentirosos que ocultan su edad o la niegan e inventan una ficticia. Esto siempre se ve en las personas que no tienen temor de Dios o que no son cristianos verdaderos o genuinos, y también en los de afuera, esto es a los que no son cristianos o los que no están convertidos a Cristo y a su evangelio de poder; es decir, aquellas personas que no tienen el temor de Dios en sus corazones y no conocen el Verdadero Amor de Dios, ni mucho menos conocen a Cristo. A este varón que ahora está al servicio de Dios o del señor y que tuve la oportunidad de volverlo a ver, pero esta vez en el camino del Señor; no le encontraba por ningún lado señal alguna de arrugas, es decir, casi no se le veían o no se le notaban y esto es causa del Amor de Dios que transforma a todo aquel que en verdad le busca de corazón y le halla o lo encuentra. Este ejemplo comprueba la veracidad de la palabra del Señor, las Santas Escrituras, el cual nunca se equivoca; y ella misma nos enseña que el Verdadero amor de Dios es el que nos rejuvenece y nos da fuerzas como las del búfalo. ***Salmos 103:5, Isaías 40:31, Salmos 51:10, 2 de Corintios 4:16 y Salmos 92:10***. Por lo tanto, es la palabra del Señor, las Santas Escrituras, la que nos da vida; la que nos rejuvenece y la medicina para nuestros huesos y también nuestro cuerpo. ***Proverbios 3:7 y 8 y Proverbios 4:20 – 22***.

Amigo y/o hermano, el pecado así como mata también envejece, deteriora y consume a todo aquel que hace y practica el pecado. Con esto no quiero decir que los verdaderos hijos de Dios no envejezcamos, no, sino que la vejes en los verdaderos hijos de Dios es de acción muy retardada, ya que la gracia de Dios y su palabra hacen un poderoso efecto en nuestras vidas como creyentes genuinos. Dios viene por una iglesia sin arrugas y sin manchas, y el hermano o la persona que esté arrugado espiritualmente, ese también se queda. ***Efesios 5:17***. Todo aquel que se sienta arrugado espiritualmente, debe pedirle a Dios que le pase su plancha o la plancha espiritual, que aunque esté caliente y queme; esta nos quitara las arrugas del pecado y nos dejará listos para su venida. Así como hay planchas que les quitan las arrugas a la ropa, también Dios tiene una plancha espiritual que quita las arrugas de nuestros ágapes. Esta plancha poderosa es su preciosa sangre que nos limpia de todo pecado y de todas las impurezas que nos impide o nos impedía ir al cielo con el Señor. ***1 de Juan 1:7***. Así como el pecado pone fea a la gente, el Amor de Dios hermosea a los que en verdad han nacido de nuevo y se han arrepentido de sus delitos y pecados, y siguen a aquel que murió por los pecadores en una horrenda cruz en el calvario. Por lo tanto, los vicios de este mundo, los afanes de la vida, el mal vivir, son consecuencias del pecado que deterioran nuestro estado físico y espiritual; dejándonos también como herencia la vejez y por último la muerte física. Mas la causa primordial o principal, fue la desobediencia de nuestros primeros padres Edénicos, el cual se convirtió o trajo como consecuencia el pecado, el cual es la herencia irrefutable de la humanidad. *Romanos 5:12 – 21*. La maldad, la mala alimentación, el mal dormir y muchas cosas más; son las que tiene al hombre de pecado mal y sin Dios o sin Cristo en sus vidas y en sus corazones. Y por eso presento el Amor de Dios que es el elixir de la eterna juventud, y si lo buscamos constantemente en oración, ayunos, vigilias, etc. Radiaremos día y noche como el sol por las mañanas o como las estrellas, y como la luna que aunque no posee luz propia, es alumbrada o iluminada por el sol, para que esta refleje la luz hacia las tinieblas de la noche. Así debe ser el verdadero cristiano en el Señor, reflejando la luz de Cristo hacia los que están en tinieblas. *Mateo 5:14 – 16*. Y todo aquel que está constantemente en la presencia del Señor, irradiará y resplandecerá como el sol; y los que estén alrededor de él, notarán algo muy especial, como sucedió con Moisés; y aún en el mismo Señor Jesucristo. *Éxodo 34:27 – 35, Mateo 17:1 y 2, Marcos 9:2 y 3 y Lucas 9:28 y 29*. Todo aquel que esté cerca de un verdadero hijo de Dios, sentirá o experimentará algo muy especial en ellos y desearan tener lo que hay en ellos, y es en ese momento donde el cristiano verdadero debe aprovechar para darle el mensaje de salvación; y luego más adelante cosechará o verá los resultados del poder de Dios y su poderosa palabra de Amor. *Isaías 55:10 y 11*. Con nuestros actos buenos, y aún con nuestros testimonios llamaremos la atención de mucha gente en el mundo, en el lugar donde vivamos o en cualquier otra parte o rincón de la tierra.

El Amor: La mejor cosecha de la vida

En esta vida, el que no siembra con Amor jamás recogerá o cosechará con Amor. Muchas familias en esta vida y en este mundo, se preocupan más por la educación de sus hijos, por el sustento o la buena alimentación diaria, por el vestir, por el calzado, por la recreación de sus integrantes, por el techo, la salud, etc. Pero se olvidan de lo más importante: El Amor, que es la base fundamental en/de una familia u hogar. No es solamente el bienestar de sus integrantes o la crianza de los mismos, no, esto no es el todo de/en una verdadera familia, porque si hace falta el Amor; más adelante saldrán a flote todo tipo de problemas ocasionados por la falta del verdadero Amor de Dios. En una familia siempre habrán o existirán los problema, pero en el Señor Jesucristo; los problemas se pueden sobrellevar si en esa familia mora Cristo Jesús, pero si no está Cristo; los problemas terminaran destruyendo a esa familia.

En mi caso, nací de una familia católica, apostólica y romana; en donde el Amor de Dios no existía para nada, en donde cada quién andaba por su lado o por su camino. Luego conocí al Señor, es decir, su verdadero camino de salvación y me di cuenta que no era, ni es la religión la que salva al hombre, sino la fe en Cristo. Dios en su palabra santa, la Biblia, no nos muestra una religión sino una relación intima, personal e interpersonal con Dios, a través de su amado Hijo Jesucristo; quién dio su vida en propiciación por nuestros pecados, por lo tanto, no es la religión en la cual nací o fui formado; ni mucho menos otra religión, cualquiera que sea, sino que conocí una verdadera relación interpersonal con un Dios vivo y misericordioso, además, debemos comprender que el verdadero cristiano se salva por el verdadero Amor de Dios en su corazón, por santidad y por haber cumplido y realizado su verdadera voluntad en Jesucristo. El Verdadero Amor de Dios no alcahuetea nada, ni mucho menos apoya sinvergüencerías, porque éste es puro y santo. Aquellas personas que nunca nos amaron de verdad y que nunca nos dieron o no nos han dado un verdadero abrazo, fuera de aquellos abrazos tradicionales, como por ejemplo; aquellos abrazos de despedida del año o de fin de año, los cumpleaños y otros parecidos a éstos, son abrazos sin sentido y muy comunes. Un verdadero abrazo o gesto de verdadero cariño lleno de Amor, es aquel que es dado en cualquier momento de la vida, sin importar la ocasión o el motivo, sino que nazca de la persona darlo espontáneamente, como ofrenda de gratitud o como halago o estímulo sin importar de quién venga ese abrazo. Éste debe ser sincero, con afecto natural; porque si no es así, mejor quédese quieto y no lo dé. Un abrazo sin Amor y sin afecto natural es como un balde de agua fría, o peor que eso como un balde de agua caliente que hace más daño que el agua fría. Estas clases de abrazos son hipócritas y traicioneros, típicos del Judas Iscariote. Estos deben ser espontáneos y no mecánicos. Si nadie nos ha dado Amor, oremos a Dios para que esas barreras de dificultades desaparezcan o sean quitadas de sus vidas, como también de nuestras vidas, y que no nos impidan amar de verdad a nuestros semejantes, no importando su condición, cualquiera que sea; y si hay que llorarle y gemirle a Dios para que esas barreras y dificultades desaparezcan de nuestras vidas, hagámoslo de corazón y con toda humillación delante de Él, porque las lagrimas derramadas de corazón, con toda sinceridad y humillación; Dios no los desprecia. Este acto conmueve el trono de Dios. *Salmos 51:17, 2 de Crónicas 34:27*. Dios, a través de su amado Hijo Jesucristo, es el único que nos puede ayudar. Porque es difícil amar a alguien que nunca nos ha amado o nos ha dado Amor, pero para Dios nada es imposible, ya que si le permitimos entrar en nuestro corazón, Él tomará el debido control de nuestro corazón y estará quitando poco a poco todo obstáculo que no permite que su Amor se perfeccione en nuestras vidas, y en aquellos que nunca nos han dado Amor Verdadero. Esto se da, si aceptan a Cristo en el corazón y dejan que su Verdadero Amor obre en sus vidas y en sus corazones. Es difícil que una persona que no conoce el Verdadero Amor de Dios ame y se deje amar, aunque no es imposible. Pero es necesario que las ayudemos a encontrar el Verdadero Amor; siempre y cuando éstos no lo hagan difícil o imposible. Al principio será difícil, pero con oración y ayunos romperemos toda barrera, toda cadena, ataduras y todo obstáculo que impida a estas personas amar de verdad, y aún a nosotros mismos como hijos de Dios, es decir, que nos impida amar a nuestros enemigos físicos, y no solamente a nuestros amigos, familiares, conocidos, a los que nos hacen bien, sino también a los extraños, extranjeros y a los que nos hacen mal. El Amor no sólo se siembra con palabras, sino también con hechos, con acciones que alimenten diariamente ese Amor que hay en ti y en mi, y lo puedas transmitir a los demás seres humanos que nos rodean, ya sea al extraño, al conocido, al amigo y también a nuestros enemigos; al enfermo como también al sano, al rico y al pobre, al pequeño y al grande; al joven y al anciano, etc. Para que luego al final de la jornada podamos cosechar con alegría la semilla sembrada en aquellos corazones áridos y secos por falta de Amor puro y verdadero, que es Dios en el corazón de aquel que le deja entrar y reinar en su vida. El Amor no debe ser, solamente, una palabra muerta que habite en nuestra mente o en nuestro cerebro, es decir, como una simple definición etimológica o como un conocimiento más; sino que debe tomar su verdadero valor y su verdadero lugar que es el corazón del hombre arrepentido de verdad, y no solamente debe estar en nuestra mente. El Amor es la persona de Cristo en el corazón de toda alma arrepentida y de todo cristiano verdadero, dispuesto hacer siempre su voluntad, no importando los problemas y las dificultades de la vida y de este mundo lleno de delitos y pecados. El corazón del hombre es como un vaso de cristal, el cual podrá contener el Amor verdadero, puro y genuino de Dios; o lo peor: el odio, que es lo contrario del Amor. El corazón es también el cofre, el cual puede contener en su interior, cosas buenas o cosas malas. La Biblia menciona acerca de estas cosas en **Lucas 6:43 – 45**, por lo tanto, debemos cuidar nuestro corazón de todo resentimiento malo, envidia, enojos, etc. Que pueda dañar nuestro corazón, porque de él mana la vida. **Proverbios 4:23**. El corazón de todo cristiano verdadero, debe ser un hermoso cofre que guarde o contenga hermosos y agradables tesoros.

Amigo y/o hermano en la fe de Jesús, el Amor, el verdadero Amor de Dios es el único que nos puede salvar, y si tenemos este Amor en nuestros corazones, podemos soportar todas las dificultades, todas las pruebas, toda las circunstancias adversas, ya sean injurias, improperios, rechazos, infamias; y muchas cosas más que puedan afectar nuestras vidas tanto física como espiritual. Solamente los verdaderos hijos de Dios, los que en verdad están llenos del verdadero Amor de Dios, pueden soportar estas cosas; así como el Señor soportó por nosotros el peso del pecado y no le importó por completo nuestra condición de pecadores; Él todo lo hizo por nosotros; para que alcancemos la salvación por medio de su Amor, su sangre y su muerte. El Verdadero Amor de Dios es el único que nos puede perfeccionar, y aún así cubrirá multitud de pecados. *1 de Pedro 4:8*. Esta cita bíblica es una gran verdad y una hermosa verdad, porque encierra la sustancia misma de Dios y solamente usted y yo podemos hallarlo en oración y ayunos, y aún así, llenarnos cada día de Él, porque es Amor y es el Amor.

El Amor nos enseña a ser humildes

Las personas más humildes en esta tierra, son aquellas que en verdad tienen el verdadero Amor de Dios, y no solamente lo tienen; sino que lo demuestran y lo practican también a través de sus hechos, de sus acciones y aún en sus mismas reacciones, porque el cristiano verdadero se conoce más por sus reacciones que por sus acciones; dando pruebas contundente de verdadero Amor, y que éste sí habita en sus corazones. Una persona humilde no es aquella que está arruinada físicamente o económicamente, tampoco el que viste mal y tiene su casa en ruinas, no, sino aquellos hombres y mujeres que comparten lo poco que tienen con Amor Ágape y fraternal con sus semejantes, y ayudando a aquel que en verdad lo necesita sin ningún interés egoísta, parcial o lucrativo y que lo hagan incondicionalmente sin esperar nada a cambio. Un verdadero cristiano humilde presta su servicio no mirando su posición, rango, su estrato social, su estatus, etc. Si no, que renuncie a ellos, como lo hizo Cristo por nosotros, para servirle con Amor verdadero. Nuestro amado salvador, renunció a ser Dios para ocupar nuestro lugar de pecador; aunque en Él nunca hubo mancha alguna de pecado o de corrupción. Un verdadero siervo de Dios nunca debe ser arrogante, altivo, soberbio, ingrato, etc. Si no, que éste debe ser cada día que pasa más humilde y más sencillo, y no debe dejarse envolver de la vanagloria de la vida, porque Dios mira de lejos al altivo y al soberbio. *Salmos 138:6*. Un verdadero cristiano humilde siempre se da con cariño, con Amor a los que le rodean y nunca demuestra ninguna clase de arrogancia, altivez; sino que debe ser más sencillo en su forma de ser, de andar, de hablar, de pensar, etc. Y no que sean menospreciados por sus malos actos, conducta y acciones altaneras y arrogantes que den mal testimonio, tanto a los de afuera como a los miembros de la fe de Cristo. He conocido a esa clase de personas que dicen ser cristianos, pero sus hechos, actos o acciones, demuestran ser falsos cristianos o mejor dicho cretinos que aparentan una cosa que no son, y por lo tanto, se asemejan a la moneda de doble cara. En la Biblia, el Señor les llama a esa clase de personas **"Sepulcros blanqueados". Mateo 23:27 y 28**.

Las características de un falso profeta, de un engañador, de un falso cristiano, de un arrogante y altivo; son las siguientes:

1). Es sepulcro blanqueado, que por fuera son blancos pero que por dentro están llenos de toda inmundicia de muertos. *Mateo 23:27 y 28, y Lucas 11:44*.

2). Son lobos rapaces, que se visten de ovejas para devorar o destruir a las verdaderas ovejas del Señor. *Mateo 7:15 y Hechos 20:29 y 30.*

3). Son religiosos o dogmáticos. *Mateo 23:1 – 5.*

4). Son amantes de los primeros puestos, de la fama, de los rangos y de los elogios. *Mateo 23:6 y 7.*

5). Son árboles sin frutos de arrepentimiento. *Mateo 3:10, Lucas 3:9, Mateo 7:19 y Mateo 21:19.*

6). Son árboles que producen frutos malos. *Mateo 7:15 – 20 y Lucas 6:43 – 45.*

La humildad tiene sus propios orígenes y es en la misma pobreza, en la misma ruina, en la necesidad y en los momentos difíciles, porque éstos son aliados inmutables de la humildad, es decir, que enseñan a una persona o individuo a ser siempre humilde de corazón, y aún a comprender a los demás; a entender sus necesidades, sus problemas tanto físicos como materiales, y a no rechazarlos en sus momentos de pruebas, luchas y dificultades. A través de estas cosas, el mismo Señor nos moldea a su manera, para que nuestro corazón no se dañe y siempre recordemos de donde nos sacó el Señor y también para que éste no se llene de orgullo y de soberbia como el corazón de Nabucodonosor, el cual terminó siendo humillado por Dios mismo. *Léase el libro de Daniel el capítulo 4.* Nunca esperes de una persona rica o adinerada tal cosa, es decir, humildad, sencillez, bondad, misericordia, etc. Porque nunca lo hallaras o lo encontraras en esas personas, al menos que se arrepienta de corazón y hayan aceptado a Cristo en su corazón, entonces estas cosas o estos frutos de arrepentimiento le permitirán compartir lo que tiene con los demás que lo necesitan de verdad. *Lucas 19:1 – 10*. El personaje de esta cita o historia bíblica, es un ejemplo de un verdadero arrepentimiento y de nuevo nacimiento, que ofreció lo que tenía a los pobres y hasta lo que les había robado en los injustos impuestos. Jesús fue el ejemplo más grande y vivo de verdadera humillación, y la humildad viene de la humillación. En la Biblia hay casos de personas adineradas que lo dejaron todo para seguir a Cristo, éstos traían sus pertenencias a Cristo, es decir, que la colocaban al servicio de los discípulos, trayéndolo a sus pies para luego administrarlos; repartiéndolos entre los pobres y necesitados. Con este acto generoso y social, exterminaban la pobreza física y económica, es decir, la necesidad que había entre los creyentes. *Hechos 2:43 – 47 y Hechos 4:32 – 37*. Sólo el verdadero Amor de Dios en un verdadero hijo de Dios, nacido de nuevo, puede hacer esto sin acepción de personas, sin reproches y sin esperar nada a cambio, porque el Amor de Dios no se puede comparar, ni mucho menos comprar con todo el oro, ni con toda la plata del mundo, y en el gran juicio final o en el gran día final, estas cosas para nada servirán. *Sofonías 1:18*. El verdadero Amor de Dios es el mismísimo Espíritu Santo de Dios que ha sido derramado en nosotros, en nuestras vidas y en nuestros corazones para que habite permanentemente y nos ayude a cambiar con el transcurrir del tiempo, y a ser persona distintas a las del mundo o las que no conocen el verdadero Amor de Dios y que tampoco lo tienen en sus vidas. Por lo tanto, lo debemos cuidar en oración y ayunos para no contristarlo u ofenderlo, y así no se vaya de nuestras vidas o nos abandone. *Efesios 4:30 y Romanos 5:5*.

Amigo y/o hermano, habrá momentos en que el Amor de Dios escaseará en algunos hermanos de la fe de Cristo, y esto será debido a la tanta maldad que hay y que seguirá creciendo en este mundo. Esto también será debido a la falta de oración, de la búsqueda constante de la presencia del Señor, y por ende, la humildad que es el producto del verdadero Amor de Dios, menguará y el carácter de esas personas será malo o peor. *2 de Timoteo 3:1 – 5 y Mateo 24:12*. En esta vida he notado que en muchas personas que antes eran humildes terminan siendo personas arrogantes, altivas y orgullosas; esto es ocasionado por el crecimiento de la fama, que muchas veces es mala cuando no se está preparado y cuando no se sabe controlar con juicio. El proceso de deterioro de la humildad se da cuando vamos escalando peldaños de superación en la vida, y vamos subiendo escalafones, entonces es cuando allí empieza a disminuir nuestra humildad; convirtiéndose en sutiles arrogancias y en un entronado egocentrismo del propio ego o del "YO", no mirando a los demás como iguales, sino como inferiores a nosotros, es decir, que no los miramos con respeto o no los tratamos con respeto, cariño y Amor de Dios; sino que los miramos por encima de nuestros hombros, olvidándonos del lugar de donde el Señor nos sacó o del hueco en donde nos encontrábamos antes, cuando estábamos en las mismas condiciones en la cual se encuentran nuestros semejantes. Por lo tanto, debemos darle gracias a Dios por el lugar en que nos ha puesto por su misericordia y Gran Amor. Jesús mismo dio ejemplo de humildad y humillación, al rechazar las propuestas de este mundo, y aún del mismo Satanás. *Mateo 4:1 – 11 y Lucas 4:1 – 13*. Jesús se hizo pobre para enseñarnos a rechazar las propuestas y las jugosas ofertas que esta vida y el mundo nos ofrece, y aun para enseñarnos a despojarnos de aquellas cosas que nos pueden impedir la salvación y la vida eterna en Cristo Jesús. No solamente el Señor fue tentado por Satanás, sino que también estaban en juego muchas cosas, entre ellas sus cualidades divinas, su humildad y verdadero Amor, y aun así nuestra salvación, la cual fue el propósito redentor de nuestro amado Señor Jesucristo, que no las cambió por el goce pasajero y engañoso de esta vida y de este mundo perdido y convulsionado por el pecado, ni mucho menos renunció a su propósito original por esas cosas que Satanás le estaba ofreciendo. El Señor Jesús, siendo en forma de Dios se despojo de sí mismo para hacerse igual a nosotros, es decir, para llevar sobre Él nuestras cargas, nuestras culpas, nuestras enfermedades y nuestros pecados, para crucificarlos juntamente en la cruz, *Filipenses 2:1*

- 11. Recordemos siempre algo: Dios exalta al que se humilla. *Mateo 23:12 y Santiago 4:10*.

¿Cómo se pierde la humildad?

Hay muchos factores que afectan a esta virtud llamada humildad, y uno de esos factores es el orgullo, la arrogancia, la soberbia, etc. otro factor es la pompa, el caché y los lujos, y esto no es que sea malo; sino que puede contribuir al deterioro de la humildad sino lo sabemos administrar, es decir, las bendiciones del Señor, y para eso debemos pedirle a Dios que nos ayude a administrar bien estas bendiciones que nuestro amado Dios todopoderoso nos da y que recibimos también en esta tierra. Otro factor son los estudios, esto parece una ironía de la vida y que no debe ser así, por que una persona cuando estudia o entre más se prepara, deber ser más humilde, pero esto no es así; sino que se esponjan y se inflan como vejigas o globos, pero tarde o temprano se explotaran o estallaran por la tanta arrogancia que acumulan y que poseen. El apóstol pablo era una de esas personas que aun así reconoció que todo lo que tenía era basura o lo tenía por basura para ganarse a Cristo, es decir, que renunció a esas cosas para servirle mejor a el Señor y demostrarnos y enseñarnos a la vez que la humildad es la base fundamental del verdadero cristiano, por lo tanto, pasó de ser perseguidor a perseguido por la causa de Cristo. Quizás, en este mundo pecador, son pocos los siervos de Dios que están preparados intelectualmente y siguen conservando su humildad o quizás son más humildes que antes; esto es una rareza dentro del pueblo de Dios, es decir, que todavía hay hombres y mujeres que no se han dejado robar ese precioso don o virtud llamado humildad.

¿Cómo se sustenta la humildad?

La respuesta es sencilla y practica: con servicio. El servicio o el servir a los demás, nos hace cada día más humildes, no importando nuestra posición delante de los demás, nuestro estatus o estrato social; porque el mismo Señor Jesucristo enseñó a sus discípulos y nos enseña a nosotros también, a través de su poderosa palabra de Amor: La Biblia. *Lucas 22:24 – 30 y Marcos 9:33 – 35*. La humildad se perfecciona en el servicio, es decir, en servir a los demás, en hacerse pequeño aquí en la tierra, para luego llegar a ser grande en los cielos. La humildad tiene también su recompensa. *Proverbios 22:4*. La humildad es una hermosa virtud que se pierde con tanta facilidad, a medida que vamos creciendo tanto intelectual, material y espiritualmente; mientras que la arrogancia, la altivez, la soberbia, se obtienen con mucha facilidad; matando así a la humildad. La humildad también se sustenta con oración, ayunos, vigilias y buscando cada día el reino de Dios y su justicia, escudriñando cada día su poderosa palabra de vida y de Amor. *2 Timoteo 3:16 y 17*.

Gustar, querer y amar

*E*stas tres palabras son diferentes, pero que tienen relaciones unas con otras. Querer significa posesión, gustar es poner los sentidos a algo que nos agrada, es también un placer que se experimenta con algún motivo o aprecio. Amar es sentir con el corazón, es decir, si tenemos Amor en nuestro corazón, podemos amar de verdad a cualquier ser humano, no importando su condición cualquiera que sea; ya sea por razones de raza, sexo, religión, etc. Podemos amar a cualquier persona, no importando sus defectos, porque el verdadero Amor no mira ninguna clase de defectos, ni mucho menos pone condiciones, por lo tanto, debemos amar a nuestros semejantes como nuestro amado Dios nos amó, entregando como prueba de ese inmenso Amor a su Hijo Jesucristo, para que muriera por nuestras culpas y por nuestros pecados. *Juan 3:16*.

Dios aplica en nosotros estas tres (3) palabras de la siguiente manera:

1). Dios nos quiere para su reino, para que nosotros moremos con Cristo en el reino de los cielos y no nos vayamos a la condenación eterna.

2). Dios gusta de los que le temen, guardan sus mandamientos y hacen su santa voluntad, es decir, que se agrada de aquellos que obedecen su poderosa palabra de Amor que son las Santas Escrituras.

3). Dios ama a toda la humanidad, y es tanto su Amor hacia ella o hacia el mundo que sacrificó a su propio Hijo Jesús en rescate de nuestras almas.

Se puede amar aunque no se quiera, se puede gustar aunque no se ame o se quiera, y así sucesivamente. También se puede amar, querer y gustar al mismo tiempo, cuando estas tres se consuman en el matrimonio o se encuentran dentro del matrimonio, es decir, que estas tres palabras deben aparecer juntas entre un hombre y una mujer casados. Gustar y querer, estas dos palabras se ubican en el área de la pasión, ya que tienen que ver mucho con el aspecto pasional, con lo conyugal, y también con lo físico terrenal, es decir, que tiene que ver con las emociones, los sentimientos, etc. Claro está, dependiendo al sentido en que se utilicen las dos palabras; ya sea en pasiones naturales y/o en pasiones desordenadas.

En la forma natural, querer y gustar, hace referencia a las cosas naturales, es decir, cuando se quiere un deporte y se practica. Cuando nos gusta una cierta comida, cuando nos gusta alguien en lo emocional o sentimental y queremos estar con esa persona; aunque esto no implica siempre Amor; porque el Amor, como ya se sabe, es Dios y no las emociones, los deseos y los sentimientos. Lo importante es saber controlar nuestras emociones y sentimientos, y no confundir el Amor con estas cosas pasajeras.

La palabra o el verbo **"querer"**, lo confundimos mucho con la palabra **"amar"**, que sutilmente son parecidas o que pareciera tener el mismo significado, pero no es así, sino que estas son diferentes; pero que ambas se relacionan la una con la otra. Por ejemplo, puedes querer a tu pareja, si la tienes, ya sea a tu esposa o esposo, a tu novia o novio. También puedes querer a tu hijo o hija, a tus padres, etc. Porque es una palabra que expresa sentimientos emocionales y también pasionales, pero que estén dentro de lo normal y natural, y que estas no estén fuera de lo normal y vayan en contra de lo establecido por Dios y su Santa Palabra. Recordemos esto siempre, estas tres palabras: Gustar, querer y amar; no son iguales, ni representan lo mismo, aunque tengan un parecido en su parte significativa o tengan cierta similitud, no son iguales. Cuando alguien nos diga que nos quiere, quiere decir que no nos ama, cuando alguien nos diga que nos ama, es porque en él mora verdaderamente Dios. Éste Amor en nosotros no implica querer, ni mucho menos gustar, es decir, que no implica pasiones o sentimientos humanos o los deseos carnales que batallan en nuestras vidas. Una persona al decirnos que nos quiere, se está refiriendo a lo externo, a lo emocional o sentimental; si nos dice que le gustamos, es porque le agradamos, le simpatizamos o le atraemos. Esto ya se refiere o tiene que ver con el área sexual, porque querer y gustar lo podemos ubicar también en esta área. Por ejemplo, un joven cuando mira por primera vez a una muchacha, empieza a tener o a entablar una relación con dicha persona, es decir, a cortejarla o enamorarla, para luego poseerla o hacerla suya; es decir, quererla para él, para luego amarla —El Amor no debe implicar los hechos anteriores, sino que este debe ser espontáneo, incondicional, no mira las apariencias físicas, sino que el Amor está por encima de cualquier cosa y de cualquier obstáculo, porque éste es universal y eterno— Siguiendo con el ejemplo anterior, cuando alguien le gusta algo, hace lo posible por poseerlo o tenerlo, es decir, que lo quiere y lo desea tener; ya sea comprándolo si es un producto o cualquier cosa, o tomándolo en posesión como dos personas cuando se quieren y se casan para convivir juntos. Esto es un ejemplo claro de gustar, querer y amar, y no lo debemos confundir, porque el Amor es uno solo y no tiene comparaciones. Y esto que les he manifestado aquí son sólo juegos de palabras, que no debemos confundirlos o mal interpretarlos. Por lo tanto, el Amor es diferente, no mira defectos, ya sean físicos o espirituales, sabe perdonar y no guarda rencor, ni mucho menos resentimientos. *1 de Corintios 13:4 – 6*. Otro ejemplo que doy, se encuentra en la Biblia, y este ejemplo puede explicar con más claridad la diferencia de amar de verdad y de las pasiones, es decir, que este ejemplo hace la diferencia entre el verdadero Amor y las pasiones y deseos del hombre, es decir, del ser humano. Este ejemplo se encuentra en *2 de Samuel 13:1 – 19*. Este pasaje nos habla de Amnón y Tamar, pero lo que quiero tocar o resaltar, es sobre lo que sentía Amnón por Tamar su media hermana. El sentimiento que Amnón tenía no era Amor sincero, sino una pasión o un deseo desenfrenado por satisfacer su necesidad sexual, mas no amorosa o llena de verdadero Amor. Este deseo era a la vez egoísta y no miraba lo sentimientos de la otra persona directamente perjudicada por él. Ese deseo vehemente conllevó a que Amnón violara a su media hermana, Tamar, e hiciera vileza de ella, como si fuera cualquier cosa o cualquier mujercilla de prostitución. La Biblia dice que después de su lamentable hecho, la aborreció; echándola de su habitación como si fuera una mujer cualquiera, y lo que más me llama la atención, es que la aborreció tanto que el *"amor"* que decía tener por ella, es decir, que ese *"amor"* falso se transformó en odio o repudio. Este ejemplo nos dice claramente, cuál era el verdadero sentimiento de Amnón y su verdadera posición en lo relativo a sus sentimientos y emociones que lo llevaron a cometer esta locura y el peor de los errores o mejor dicho horrores de su vida, y esto le costó su propia vida. El *"amor"* que él tenía hacía su hermana, no era Amor verdadero, sino pasión desenfrenada, egocéntrica y machista, no importándole los sentimientos de su hermana, y a esto le denomino *"amor egoísta"*, mundano y sin ninguna clase de respeto hacia el semejante, es decir, un *"amor falso y caprichoso"*. Lo que Amnón demostró fue su bajo instinto, su baja pasión, su excitación por su hermana, que lo llevó a cometer este delito atroz y consecutivamente a su muerte. La Biblia dice que el pecado da como resultado la muerte o que la paga del pecado es la muerte. **Romanos 6:23**. Este acto de Amnón lo llevó a la muerte. De este ejemplo podemos deducir que el verdadero Amor no son los sentimientos mal encaminados, las emociones y las pasiones, cualquiera que sea su género. El Amor es Dios, y este no ocasiona destrucción, ni perjudica a nadie, sino que trae beneficios y construye y edifica corazones. **1 de Corintios 13:4 – 6**.

Todos en esta vida sentimos estar enamorados de alguien, y esto es parte del ser humano o de la naturaleza humana que Dios nos ha dado, pero debemos analizar y canalizar nuestros sentimientos para luego no equivocarnos, y estar seguros de nuestros sentimientos hacia tal persona; y no confundir sentimientos con el placer, la pasión y otras cosas más que no tienen que ver con el verdadero Amor de Dios o con el Amor en sí.

El afecto natural

*E*l afecto natural, es por naturaleza el sentimiento que posee tanto los animales y el ser humano en sí, para cuidar, proteger, mantener e incluso amar a quienes nos rodea. En el afecto natural, pueden implicarse el Amor, la pasión y las emociones sentimentales que posee el hombre por naturaleza, y no los animales. El afecto natural incluye a los animales, en ciertos aspectos de la vida. Lo único que no pueden hacer los animales es amar, querer y apasionarse por algo o por alguien, porque éstos no tienen sentimientos o alma. En el hombre, el afecto natural es más completo y complejo. Podemos decir en pocas palabras que el afecto natural en los animales se le llama instinto animal, y es el que permite que los animales sobrevivan en su espacio, ambiente y medio en que viven.

El afecto natural que el hombre posee, está siendo degradado de una forma violenta por la maldad y el pecado, esto lo podemos ver claramente en **2 de Timoteo 3:1 – 5**. El hombre, por lo general, no nace con Amor, pero sí con el afecto natural; que es muy diferente al Amor. Éste lo poseen tanto los creyentes como los no creyentes. Léase **Mateo 7:11 y 12**. Estas citas bíblicas nos dan a entender, que el hombre por naturaleza posee afecto natural, que aún siendo malos demos buenos presentes o nos conmovamos a misericordia por la situación de otros. Para mayor entendimiento de lo que es el afecto natural, daré varios ejemplos del mismo.

El afecto natural (Instinto) de una gallina al defender a sus polluelos, ocultándolos bajo sus alas. Ésta cuando ve que sus crías están en peligro, corre hacia el enemigo, exponiendo su propia vida, para defender a sus polluelos. Esto es sinónimo de afecto natural, ya que esta implica la protección de sus hijos. Esta comparación la hace el mismo Señor Jesucristo. **Mateo 23:37 y Lucas 13:34**. El afecto de una paloma hacia su palomo. Cuando uno de los dos muere, ya sea la paloma o el palomo, éste o ésta, no vuelve a tener otro compañero o compañera, dando verdadero ejemplo de fidelidad, aún después que su apareja a muerto.

El afecto natural de un profesor hacia sus alumnos o hacia su mejor alumno, el afecto natural de un padre hacia su hijo y viceversa. Todo afecto natural tiene su objetivo definido: Hacer sentir bien a quienes nos rodean, y sin perjudicar a nadie, ni sacar provecho material o económico. El afecto natural no es lo mismo que el Amor, aunque sí pueden tener ciertas relaciones similares, pero no son lo mismo, ya que la primera es natural y la segunda representa a Dios o es Dios en el corazón de un ser humano nacido de nuevo. *1 de Juan 4:8*. Para amar de verdad, es necesario tener a Dios o a Cristo en el corazón, mientras que en el afecto natural, como su nombre lo indica, es naturaleza especial en el hombre que aún nos diferencia de los seres vivos inferiores, esto es a los animales. Este también se puede perder y deteriorar fácilmente. La única diferencia entre un verdadero hijo de Dios y una persona sin Dios o sin Cristo, es que el primero está completo, porque posee el verdadero Amor de Dios; mientras que el segundo sólo posee afecto natural y hasta en ciertas ocasiones, ni el afecto natural tiene.

Sacrificado por Amor

El Amor de Dios significa también sacrificio y libertad, por lo tanto, nuestro amado salvador, Jesucristo, pagó por nosotros un precio muy alto que jamás nosotros pagaremos.

Muchas personas en esta vida o en este mundo, pelearon alguna vez, por unos ideales, y murieron defendiendo esos ideales; entre los cuales estaba la libertad. Estas personas dieron sus vidas, derramando así su propia sangre, por ver a sus pueblos libres de toda esclavitud y de toda opresión que no los dejaban difundir sus ideas y sus propias opiniones, ni aún así difundir sus propias creencias y religiones; sacrificando de esa manera sus propias vidas en una guerra sin verdadero sentido espiritual. En el mundo esclavista, es decir, en los tiempos antiguos, en donde la libertad era sólo privilegio o lujo para los poderosos, conquistadores, ricos imperialistas, reyes y hasta sacerdotes religiosos; pero la humanidad de antaño al ver tanta injusticia y tanta opresión, se sintieron cansados de todo esto, que se sublevaron en contra de sus opresores, declarándoles, a éstos, la guerra en procura de su libertad; pero una libertad física e intelectual, mas no espiritual, es decir, la verdadera libertad que es Cristo Jesús. Muchos, entonces, derramaron su sangre por esta libertad superficial. Y aún, después de haberla obtenido a punta de guerras, sublevaciones, revoluciones y revueltas, su libertad, seguían aún esclavos pero del pecado. Aunque en esta vida se haya derramado mucha sangre, no pudieron liberarse de la esclavitud del pecado y aún del imperio de la muerte que lo poseía el maligno. *Hebreos 2:14*. Por lo tanto, el Señor, a través de su muerte y de su derramamiento de sangre, nos hizo libres de este imperio, que aún reina en los hijos de desobediencia. *Efesios 2:1 – 3*. La muerte es un imperio que gobierna aún Satanás, aunque él fue destronado y derrocado de su imperio, aún lo sigue ejerciendo por voluntad propia sobre los hijos de desobediencia que no quieren venir a la luz de Cristo, para que Él los haga verdaderamente libres de esa muerte eterna. La muerte tiene dos filos, y esos dos filos son: La muerte física, que es la separación del alma del cuerpo mortal y material, y la muerte espiritual, que es la separación de la alma pecadora con Dios. La Biblia clasifica a la muerte como la primera muerte y la muerte segunda, la peor de estas muertes es la segunda o muerte físico espiritual. *Apocalipsis 2:11, Apocalipsis 20:14 y Apocalipsis 21:8*.

Jesús es el único libertador que nos puede hacer verdaderamente libres de la esclavitud de la muerte eterna, siempre y cuando aceptemos su salvación y hagamos siempre su santa y poderosa voluntad, porque en Cristo hay verdadera libertad. El mismo Jesús habló de esta libertad, incluso, Él mismo manifestó ser la libertad, es decir, que Él se proclamó como el verdadero libertador espiritual de aquellos que andan en la esclavitud del pecado. *Juan 8:34 – 36.* Los fariseos y religiosos de esa época, no conocían la verdadera libertad que Cristo les estaba enseñando y ofreciendo, pero éstos por su incredulidad no lo entendían y se hacían cada vez más tercos e ignorantes de la verdad de Cristo. *Juan 8:31 – 38.* Aún, los judíos creían estar libres; pero a la verdad estaban siendo dominados por el imperio romano, tampoco se acordaron que en los tiempos atrás eran o fueron esclavos en Egipto, y que en ese entonces, Dios tuvo que usar a un hombre como libertador físico para sacar a Israel de esa esclavitud literal en la que se encontraba sumergido el pueblo de Israel. Ese libertador fue Moisés, pero aún así seguían esclavos del pecado y necesitaban un salvador y verdadero libertador; éste no fue Moisés o cualquier otro profeta de Dios, sino el mismo Hijo de Dios, Jesucristo, el cordero de Dios que quita el pecado el mundo. *Juan 1:29, Mateo 1:21 y Juan 3:16 – 18.*

El verdadero Amor de Dios nos hace libres, pero esa libertad tuvo que pagar un precio bien grande, es decir, que ese Amor tuvo que sacrificarse para luego darnos libertad, por medio de sangre y muerte. *Hebreos 9:15 – 28.* Jesús es nuestro único y verdadero sacerdote que se sacrificó por nosotros en una cruz. En esta vida y aún en la historia de la humanidad, ha habido muchos caudillos libertadores que libertaron pueblos y naciones, dando así sus propias vidas por causa de la libertad, para luego más tarde ver a sus pueblos y naciones libres de todo tipo de esclavitud y opresión, pero siguen todavía esclavos del pecado y de la muerte espiritual. La humanidad luchó por una libertad superficial y física; pero faltaba un caudillo espiritual que nos libertara del pecado y de la muerte eterna o condenación eterna, pero aún así, son pocos los que en verdad se salvan y obtienen la libertad de Cristo. Solamente Cristo Jesús nos puede hacer verdaderamente libres de todo pecado y de la misma condenación eterna.

Moisés fue uno de los caudillos libertadores que Dios escogió para guiar y libertar al pueblo de Israel. La libertad que Moisés le dio al pueblo de Israel fue física, mas no espiritual, es decir, que Moisés fue sólo una sombra de Cristo en el pasado para poder libertar al pueblo de Dios; pero Jesús iba a ser la sustancia pura de una libertad genuina y verdadera, completa tanto física como espiritualmente de muestro ser. El día en que Cristo venga en gloria por segunda vez a esta tierra, los muertos en Cristo resucitaran primero y los que hemos quedado vivos, seremos arrebatados por Él y nuestros cuerpos serán cambiados o transformados en otros, es decir, que tendremos cuerpos glorificados como el del Señor. ***Filipenses 3:21, 1 de Corintios***

15:51. Para que entienda un poco más sobre los versos y las citas bíblicas anteriores, léase *1 de Corintios 15:51 – 58*; analice su contenido y verá en el Señor los resultados de la santidad y de lo que significó el sacrificio de Cristo en la cruz.

Moisés simboliza a Cristo guiando a un pueblo hacia la libertad, es decir, que ya el Señor nos daba pistas del nuevo libertador físico espiritual de nuestras vidas, es decir, de nuestro ser: espíritu, alma y cuerpo. ¿Por qué físico espiritual? porque algún día, nuestros cuerpos también serán cuerpos glorificados, y no se van a quedar en la tumba. *Mateo 27:52 y 53*. Estas citas bíblicas lo dicen todo y está bien claro, que nuestros cuerpos no quedarán para siempre en la fría tumba. Muchos libertadores de antaño, yacen muertos en sus frías tumbas, sin honores, sin gloria y olvidados por la humanidad. Solamente un libertador está vivo y reina por los siglos de los siglos, y está entre nosotros o habita en aquellos corazones arrepentidos de verdad; aunque no lo podamos ver visiblemente. Jesucristo se levantó de entre los muertos y su cuerpo nunca se quedó en la fría tumba, mientras que muchos libertadores son historia, Cristo no lo es, porque Él está vivo, es decir, que Él mismo es la vida misma y por Él viviremos y reinaremos junto con Él. *Apocalipsis 5:10*.

El sacrificio más grande fue el que Dios hizo, entregando a su propio Hijo, Jesucristo, en rescate de nuestras almas, para librarnos de la destrucción y muerte eterna. Solamente los que aceptan su sacrificio, es decir, su muerte y reconocen sus pecados y se arrepienten, son verdaderamente libres, y habrán alcanzando la salvación, pero esta salvación debe pelearse constantemente y a diario, porque así como la obtenemos, la podemos volver a perder. Esta se pelea con constante oración, ayunos y con todas aquellas armas espirituales que nuestro amado Señor nos ha enseñado y nos ha dejado para que luchemos constantemente en el Señor día y noche, a cada minuto y a cada momento de nuestras vidas. *Efesios 6:10 – 20*.

Jesús, en su gran Amor por la humanidad, le dijo a sus discípulos una frase filantrópica muy hermosa y esta frase se encuentra en *Juan 15:14*. Esta expresión muy hermosa de nuestro amado Salvador Jesucristo, es ilimitada, es única, es tan grande que el ser humano más sensible o que tenga el corazón sensible al Espíritu de Dios, puede irse en llanto o en lágrimas, es decir, que llorará o lloraría por esta expresión hermosísima de nuestro amado Salvador. Nadie como Él nos puede amar de esa manera, es decir, ofreciendo su propia vida, por Amor a nosotros, en sacrificio vivo. El mismo Señor, en su expresión dice que nadie tiene "Mayor Amor", dando a entender que Él es el "Mayor Amor", es decir, que Él es el verdadero Amor, y que únicamente Él lo puede dar; por lo tanto, cuando Jesús dice Mayor Amor se refiere al verdadero Amor de Dios, es decir, a Emmanuel o Dios con nosotros, el Amor

Mayúsculo de Dios, con "A" mayúscula, en la cual he resaltado durante toda esta obra literaria cristiana. Jesús fue el único que murió por Amor a nosotros, por una patria espiritual o celestial, por un pueblo espiritualmente esclavo del pecado y no por un reino terrenal; aunque más adelante el Señor también lo tendrá en su segunda venida. *Lea Juan 18:36*. Jesús peleó espiritualmente hasta la muerte física, derramando en la cruz la última gota de su preciosa sangre, venciendo así en la misma cruz y con su misma muerte, al que tenía el imperio de la muerte; que era Satán, ganando así, Jesús, por nosotros una guerra que jamás nosotros hubiéramos ganado. *1 de Corintios 15:54 y 55, Óseas 13:14*. Jesús con su muerte nos redimió de nuestros pecados y de la condenación eterna, pero esa salvación se hace efectiva en nosotros, siempre y cuando reconozcamos que somos pecadores y que necesitamos un salvador. Debemos arrepentirnos de corazón, entregándole nuestras vidas a Cristo y caminando fielmente por su senda de salvación; sin apartarnos a diestra o a siniestra, ni mucho menos volvamos atrás. Jesús es el más grande de todos los caudillos libertadores que ha dado su vida por nosotros, y no debemos rechazar este sacrificio tan grande que hizo Cristo por nosotros; salvando nuestras vidas y nuestras almas del infierno o del fuego eterno.

La libertad de nuestro país y de otras naciones más, se sembró con sangre; pero esa sangre derramada por aquellos hombres era corrupta, corrompida y llena de pecado, la cual no nos puede salvar del pecado y su esclavitud espiritual. Solamente la sangre de Cristo nos hace verdaderamente libres de la condenación del pecado, de la muerte y de la condenación eterna. *Romanos 8:1 y 2*. El evangelio de Cristo y el de nuestros días, se sembró con sangre también. Muchos padecieron por la causa de Cristo y su evangelio de Amor, derramando su propia sangre por Amor a Cristo. En estos tiempos tan difíciles, seguiremos padeciendo por la causa de Jesucristo y su santo y poderoso evangelio de Amor; aunque el evangelio de hoy es facilista y mediocre. Lea las siguientes citas bíblicas: *Mateo 5:10 -12 y Romanos 1:16 y 17*. Muchos han muerto por causa de Cristo, no renunciando así a su creencia y siendo torturados, quemados en la hoguera, mutilados, ahorcados, decapitados, etc. No abandonaron su fe y murieron por esa noble causa: el evangelio de Cristo. En los tiempos de Nerón y Diocleciano, la iglesia de Cristo fue perseguida por estos malévolos gobernantes y por otros más, que le hicieron la vida imposible a la iglesia cristiana y a sus miembros. Entre esos perseguidores estaba el mismo Pablo (Saulo), que luego de haberse convertido a Cristo; pasó de perseguidor a perseguido. *Hechos 8:1 – 3, Filipenses 3:6, 1 de Timoteo 1:13 y 2 de Timoteo 3:11 y 12*. No solamente las persecuciones eran en los tiempos de Pablo y Nerón, también en pleno siglo XX se levantó una poderosa persecución contra el pueblo de Dios o el pueblo judío, liderada esta por el que fue hasta ese entonces, el peor enemigo de Israel: Adolfo Hittler, matando en el famoso holocausto nazi a seis millones (6, 000,000) de judíos en ese entonces. Adolfo Hittler, ha sido uno de los tantos enemigos que ha tenido Israel.

El Amor de Dios significa también verdadera libertad y sacrificio, porque para poder obtener la libertad, hay que derramar sangre, es decir, que el verdadero Amor de Dios es sacrificio vivo, es Amor puro; y por eso Cristo derramó su hermosa, preciosa y poderosa sangre por nosotros; para hacernos libres del pecado y con ella hacernos aceptables delante de nuestro Padre Celestial, porque la sangre de Cristo nos limpia de todo pecado. *1 de Juan 1:7*. El Amor de Dios es sacrificio vivo, por lo tanto, no lo debemos rechazar y menospreciar, porque es el único sacrificio con sentido completo. La libertad está ligada al sacrificio, y para poder ser libres; hay que pagar un precio. Este precio es a costa de sangre, pero Jesús pagó un precio mejor que la de muchos pueblos y naciones hoy libres, aparentemente, es decir, que la libertad de Cristo es mejor que la libertad pasajera que este mundo ofrece. La sangre de Cristo es mejor que la sangre derramada por muchos hombres en esta tierra. Esas naciones, aunque sean libres físicamente, siguen esclavas pero del pecado, porque la que el Señor ofrece; no es vana y esta nos hace verdaderamente libres en todos los sentidos de la palabra. Esta es la libertad más completa que existe, y no existe otra igual o parecida a la que nuestro amado Señor nos está ofreciendo a diario y continuamente. *Juan 8:31 – 38*.

El primer Amor

El primer Amor, es el deseo original de todo cristiano recién convertido, que a pesar de las luchas y las pruebas, se va desvaneciendo de nuestras vidas como hijos de Dios nacidos de nuevo. Este primer Amor es un deseo ferviente que tenemos todos aquellos que nos convertimos a Cristo, es decir, que es un anhelo que hay en nosotros por servirle a Dios, día y noche; a cada momento, a cada hora, minuto y segundo. Es el deseo que nos impulsa a seguir a delante en Cristo Jesús, a pesar de cualquier dificultad, obstáculos, etc. También el primer Amor significa las primeras obras realizadas en Cristo. Este primer Amor es Cristo en nuestras vidas, y el cual, por causa de las pruebas y dificultades hemos dejado de buscarle, es decir, de adorarle, alabarle; y nos hemos olvidado y alejado de su grata presencia y de sus primeras obras, para hacer otras cosas que no son las del Señor. El Señor en su palabra nos redarguye y nos exhorta acerca de esto. *Apocalipsis 2:24 y 25*. El primer Amor es también su camino de salvación, que ha sido abandonado o descuidado, y que también éste puede representar los dones, ministerios y talentos que el mismo Señor nos ha dado y que hemos tenido en poco. Su primer Amor es su grata presencia que nosotros hemos, quizás, dejado de buscar y nos hemos alejado de ella, incurriendo también a la inasistencia a los servicios o ocultos en las congregaciones, causando el desanimo total y el regreso al mundo y a sus prácticas, es decir, la vieja vida. Nosotros no debemos regresar al mundo, porque no sabremos si nos encontramos con la muerte y no tendremos más oportunidad que la que teníamos, estando en Cristo, por lo tanto, es recomendable que sigamos adelante, porque si regresamos al mundo, quizás no regresemos más a los pies de Cristo; y luego sería demasiado tarde para ello. Pero si aún estamos vivos, de pronto Dios tenga misericordia de nosotros y nos da otra oportunidad, porque las oportunidades se obtienen es estando en vida y a los pies de Cristo, porque después de muerto, ya no se puede hacer nada. Todo aquel que regresa al mundo, quizás no vuelva a regresar más a los pies del Señor, al menos que sea un propósito de Dios, porque en el mundo lo que se espera es la muerte.

El Amor y la moral

*E*l Amor de Dios nos enseña a comportarnos en el Señor, en nuestras familias, con nuestros hermanos en Cristo, con nuestros vecinos; y aún con la sociedad misma, en general, porque nosotros somos cartas abiertas para el mundo. La humanidad siempre estará buscando defectos para acusarnos, es decir, que siempre estará observando cada movimiento que demos, cada palabra que digamos para después desacreditarnos delante de los demás y delante del Señor, y eso es lo que busca siempre Satanás. *Job 1:6 – 11 y Apocalipsis 12:7 – 10*. Por lo tanto, debemos cuidar muy bien nuestro testimonio, porque éste es el que marca nuestro verdadero comportamiento delante de los demás, de la sociedad y de este mundo de delitos y pecados. Pero muchas personas hoy día, que dicen ser cristianas o hijos de Dios, tienen un comportamiento reprobado; pero aún así ministran, cantan, predican, etc. Pero a la hora de la verdad, Dios en el gran día final separará los buenos de los malos. *Mateo 7:21 – 23 y Mateo 25:31 – 46*. La Biblia, es el mejor libro de urbanidad que el mismo Señor preparó para nosotros en esta tierra, y así llevar un comportamiento genuino delante de los demás

El verdadero Amor de Dios

hombres en este Mundo convulsionada por el pecado. La Biblia es la imagen de Dios plasmada en unas sencillas hojas de papel, para que siempre nos miremos en ellas o miremos nuestra condición o nuestro estado espiritual, es decir, nuestras faltas, fallas, errores u horrores; pero que también nos resaltará nuestras virtudes y nos dará siempre pautas para sabernos comportar en esta sociedad corrupta y sin temor de Dios en sus corazones. Pero hablar del Amor de Dios en el cristiano, es hablar del verdadero comportamiento de un verdadero hijo de Dios, es decir, de su testimonio delante de los demás seres humanos; porque la gente sin Dios, aunque no estén leyendo la Biblia, siempre estarán leyendo nuestras vidas. Entonces seremos para ellos cartas abiertas delante de ellos, y con nuestras vidas y testimonios estaremos dando ejemplo de verdaderos hijos de Dios. *2 de Corintios 3:2 y 3.*

Dios es el que habla a través de nuestras vidas y de nuestro testimonio, porque es la persona de Cristo Jesús en nuestras vidas y en nuestro corazón. Los verdaderos hijos de Dios reflejan siempre la imagen de Dios o de su Hijo amado Jesucristo, y siempre hacen su verdadera voluntad, por lo tanto Jesús hace distinción entre los verdaderos hijos de Dios y los hijos del diablo. *Juan 8:39 – 47 y Mateo 7:15 – 20.*

Conociendo a Dios

*P*ara conocer a Dios, basta con contemplar su creación misma o la naturaleza misma, y aún así su poderosa palabra que nos ha dado y nos ha dejado como su legado y como prueba de su infinito Amor. A Dios lo podemos conocer a través de la sonrisa de un niño, a través de un alma noble y caritativa, y aún de nuestro semejante, porque somos imagen de Él y hechura suya. Dios, aunque no lo vemos visiblemente, siempre está cerca de nosotros, como por ejemplo en un hermoso paisaje, que ni aún Picasso puede hacer una obra tan grande y maravillosa como la que nuestro amado Dios ha hecho, porque si no existiera Dios, ni Picasso hubiera pintado hermosos paisajes o grandes obras de arte. Pero muchas veces le queremos dar los honores o los meritos a la evolución o a la teoría de la evolución, pero ésta no pudo haber hecho tanta hermosura, como las que Dios ha hecho. Porque para hacer algo así tuvo que haber tenido inteligencia para crear cosas tan hermosas y maravillosa y con mucho sentido y precisión. Nosotros los seres humanos tenemos algo de nuestro Dios, es decir, que también tenemos la capacidad creadora de hacer cosas que aunque no sean tan maravillosas como las de Dios, tenemos la semejanza de Él. Por eso su palabra nunca se equivoca, porque si Dios dijo hagamos al hombre a nuestra imagen y semejanza, es porque somos especiales; y aún más cuando estamos en las manos del Señor. La única manera de conocer a Dios, es a través de su amado Hijo Jesucristo y de su verdadero Amor. También a través de su verdadera santidad y de su divina palabra. *Hebreos 12:14*.

Conclusión

Para hablar o escribir del Amor de Dios, no se necesita de títulos teológicos, universitarios, ni de hacer cursos, ni de estudiar mucho instituto bíblico; sino solamente experimentar el Amor genuino de Dios, así como lo experimentó Abraham, David y Jonatán, la mujer samaritana, el buen samaritano y muchos más que se dejaron embargar por el verdadero Amor de Dios. Este Amor no tiene ciencia, ni es cosa de otro mundo, sino que el Amor es el ser más sencillo, por lo tanto, nosotros los seres humanos lo hacemos difícil y complicado, pero no es así. Por lo tanto, el Amor lo tenemos siempre a nuestro lado y de nuestro lado, y nunca nos abandonará o nos dejará; porque Él es fiel y su Amor es siempre eterno por los siglos de los siglos. Muchos en este mundo han compuesto, hablando secularmente, canciones acerca del "amor", poemas, e incluso hasta libros que hablan del "amor"; pero no atinan o se acercan al verdadero Amor de Dios. Y sin este Amor no somos nada. El Amor nos enseña a ser misericordiosos, el Amor de Dios, es su manifestación Divina; y somos los únicos en esta tierra que podemos experimentar el verdadero Amor de Dios. Los animales, las plantas y otros seres diferentes, no pueden tener esta dicha, este privilegio de sentir el Amor de Dios en nuestras vidas y en nuestro corazón. Aún así, hay seres humanos que se comportan como animales irracionales que no tienen conciencia de nada. *2 de Pedro 2:12 y Judas 10 y 11*. En el verdadero Amor de Dios, va el comportamiento ideal de un verdadero hijo de Dios que abre su corazón, su testimonio o su persona al mundo para su conocimiento, y dar a conocer en él, al Dios que transforma y cambia a los que en verdad le buscan de corazón completo. *2 de Corintios 3:2 y 3*. La Biblia es el único libro de libros que habla y nos enseña acerca del verdadero Amor de Dios. Léala y compártala con otros que no conocen el verdadero Amor de Dios.

Éste es el Amor que los seres humanos debemos buscar y experimentar en nuestras vidas y en nuestro corazón, el verdadero Amor de Dios.

Otras obras del autor

El perrito Mury (Novela)

Noches de luna nona (Poemario)

Los cuatro sueños de Martín (Cuentos)

La hora del espanto (Cuentos)

El sapito dorado (Cuentos)

Los tres albañiles (Cuentos)

Sinfonía en el bosque (Novela)

Crónicas de un presagio (Novela)

Magnolia y el misterio de los huevos perdidos (Cuento)

www.ingramcontent.com/pod-product-compliance
Lightning Source LLC
Chambersburg PA
CBHW051833150726
47998CB00001B/398